성공하는 사람은
생각하는게 다르다

이마이즈미 마사아키 지음
김 경 모 옮김

지성문화사

책 머리에

이 책은 가난한 집에서 태어나 학교 교육이라고는 초등학교 밖에 나오지 못했으나 굴하지 않고 정미소부터 시작하여 온갖 노력 끝에 지금은 일본 동북 제일의 사업가가 되어 소득세 전국 랭킹에 오르고 있는 80이 넘은 한 노인이 쓴 글을 옮긴 것이다.

"주절주절 이론만 늘어놓는 학자들이 정말 사업이라는 것을 알고 있는가? 그들에게 한번 사업을 맡겨 보아라. 며칠도 못 버티고 말아먹을 것이다. 경영 세미나니 하는 곳에 갈 시간이 있다면 나한테 와서 한 시간을 배우는 것이 훨씬 나을 것이다." 등 독설을 늘어놓지만 노인네의 망령이라고 치부하기에는 뼈가 있는 말이 많이 있기 때문이다.

대 악당이라는 소리를 들으면서도 떳떳하게 자기 할 말을 다하고 살아온 한 경영인의 산 체험담은 어려운 경제 여건 속에서 사업을 일으켜 미래의 대 사업가를 꿈꾸는 젊은이들에게 주는 산 교훈이 될 수 있으리라고 믿어 의심치 않아 이 책을 엮었다.

그를 아는 사람들은 그를 난세의 영웅, 실업계의 풍운아라고 한다.

그의 고난에 가득 찬 인생, 술과 여자로 날을 지새운 인생노정, 지략을 무기로 실업계를 정복해간 인생은 일류대학을 나온 엘리트 재계인이나 부모의 재산을 물려받은 2세 경영자와는 비교가 되지 않는다.

그것이 이 책이 갖고 있는 매력이다. 체계가 없는 것 같으면서도 그의 독설은 우리의 심장을 파고든다.

그는 정치가, 공직자, 노동조합 간부, 은행 심지어 언론까지 호되게 나무란다. 사업을 하는 사람으로서 이렇게 심하게 파헤쳐도 괜찮을까 하는 염려까지 들게 할 정도이다.

살아간다는 것은 본래 힘든 일이다. 어느 시대나 그 사실은 바꾸지 않는다. 경영의 고도성장이 끝나고 안정 시대로 접어들고 있는 이 시대에도 기업간, 개인간의 싸움은 없어진 것이 아니다.

기분 좋은 말이나 기분 좋은 자세만으로는 지나갈 수 없는 시대이다. 그런 의미에서 이 책은 펴낼 만한 충분한 의미가 있다고 믿는다.

물론 이 책에 나오는 저자의 말이 다 옳다는 것은 아니다. 그러나 하나의 경종은 충분히 되고, 또 하나의 문제제기는 충분하다고 생각한다. 대장이 되려는 관리, 감독자, 차세대를 담당할 젊은이들이 꼭 한번 읽었으면 하는 바람이다.

옮긴이 씀

4

차   례

제 2 장 학문으로는 밥을 먹을 수 없다

제 3 장 사업가가 되려면 술과 여자를 기억하라

제 4 장 어려운 일이 닥치면 기뻐하라

제 5 장 젊을 때는 "야인 무사"처럼 지내라

제 6 장 대장이 되려면 대장답게 행동하라

제 7 장 사람과 가위는 쓰기 나름

제 8 장 국민의 피를 빨아먹는 독벌레들

제 1 장

부자를 바보라고 부르지 말아라

"인간은 누구라도 꿈을 많이 갖고 있다.
그 꿈을 이루기 위해서는 돈이 필요하다."

돈 없는 녀석들이 돈 있는 사람의 기분을
알 수 있을까?

돈이 없는 녀석들이 "쇼꾸다(織田) 씨는 동북 제일의 갑부인데 더 돈을 갖고 싶은가?" "돈이란 아무리 많더라도 지옥까지 갖고 갈 수 있는 것은 아닌데…"라고 쓸데없는 걱정을 해 준다. 돈 가진 기분을 돈 없는 녀석들이 알 수 있을까? 이런 바보 같은 질문을 던지니까 돈이 참을 수 없는 것이다. 여러분들도 돈을 보고 앞으로 그런 실례되는 말은 삼가야 한다.

대체 가난뱅이 기분에 대해서 여러분들은 얼마나 알고 있는가? 가난하다는 것이 얼마나 괴롭고 힘들다는 것을 체험한 일이 있는가? 지식인이라고 부르며 멋진 양복을 차려입고 생활하고 있는 여러분들은 그런 괴로움을 안다는 것이 그리 만만치 않다. 병을 앓아본 적이 없는 사람이 정말로 병든 사람의 괴로움을 모르는 것처럼 체험해 보지 않으면 알 수가 없다.

최근에 상경했을 때 멋쟁이 신사와 합승한 적이 있었다. 돈이 화제가 되었다. 그 사람도 여러분처럼 지식인이니까 "돈이 아무리 많이 있어도 쓸모가 없다."라고 말한다. 그래서 나는 이렇게 물어 보았다.

"당신도 아내가 있겠지요? 신혼 초의 기분은 어땠습니까? 그렇게 좋은 것은 없었겠지요?"

그 신사는 그렇다고 수긍했다.

"다시 한번 젊은 아가씨와 그 때의 기분을 맛보고 싶다고 생각하지 않습니까?"

"그렇지요. 약간 나이가 들어 버렸지만 꿈속에서는 '다시 한번' 하는 기분이 있지요."

"그렇지요. 바로 그것입니다. 돈이 많이 있다면 지금이라도 젊은 아가씨를 품을 수 있지요. 나나 당신의 나이에는 돈의 여유가 없으면 젊은 여자들이 상대조차도 해 주지 않지요. 나는 지금도 상경할 때마다 신바시(新橋)나 아까사까(赤坂) 등의 멋진 곳에서 잠자는 것을 즐기고 있지요. 만일 내가 돈이 없다면 그런 곳에서 잘 수 있을까요?"

상대 신사는 눈을 동그랗게 뜨고 놀래 버렸다. 나중에 명함을 교환하였더니 동경의 유명한 대학의 학장이었다. 상대를 알지도 못하면서 이런 이야기를 해 버려서 약간 나도 실수했다고 생각하고 쓴웃음을 지었다. 아가씨 이야기는 하나의 비유이다. 인간은 누구라도 꿈꾸는 일이 많이 있다. 그 꿈을 이루기 위해서는 돈이 필요하다. 돈이 없기 때문에 고생하고 있는 것이다.

돈을 모으는 것은 잘못이라는 등의 심통꾸러기 같은 염려를 하지 말고 먼저 돈을 모으는 것에 정진하라.

"돈은 모을 때 모아야지 나중에는
힘들여 노력해도 모아지지 않는 것이 돈이다."

清貧
"청빈은 멋진 것이다"고 하는 것은 약자의 변명

내 친구 중에 N이라는 사람이 있다. 젊을 때부터 같은 블록에서 일을 하고 있던 관계로 자주 나한테 찾아오곤 하였다.

처음에는 똑같이 무일푼의 벌거숭이이었지만 그런 동안 내 쪽이 재산가가 되어 버렸다. 두 사람의 내용에 커다란 차이가 생겼을 때 그 N이 찾아왔다.

"쇼꾸다 씨. 그렇게 돈을 모아서 어떻게 할 작정이지. 죽을 때 모은 돈을 갖고 갈 수는 없잖아?"

이런 식으로 말했다. 그래서,

"N군, 자네는 서양요리를 먹어본 적이 있는가?"하고 물었다.

"물론 있지. 나도 서양요리 중 하나나 둘은 먹은 적이 있다구."

"그래? 어떤 요리인데?"

"서양요리라고 하면 정해져 있잖아."

"그러니까 무슨 요리?"

"카레라이스야. 정해져 있지."

이런 식으로 말했다. 그래서 이렇게 말해 주었다.

"N군, 카레라이스는 인도 요리야. 인도라고 하면 동양이지. 어쨌든 그것은 그것으로 됐다. 그러나 서양요리라고 하면 카레라이스 그것밖에 모른다는 것은 너무한 생각이 안 드냐?

나는 프랑스 요리로부터 세계의 온갖 요리를 먹어보아서 그 맛들을 알고 있다. 자네는 모르겠지. 중화요리라고 하면 아마 짜장면이나 탕수육 정도이겠지만 그 종류가 산더미만큼 많지. 내가 이런 맛있는 것을 먹을 수 있는 것은 돈을 모았기 때문이지. 인간이 이 세상에 태어나서 좋은 일을 하고 맛있는 것을 마음껏 먹을 수 있다는 것은 즐겁고 행복한 일이 아닐까? 행복하기 위해서는 여러 가지 이유가 있겠지만 역시 돈이 필요하다. 돈은 모을 때 모아두지 않으면 나중에는 힘들여 노력해도 모을 수 없는 것이다.

죽을 때 갖고 가지 않으니까 나는 모으지 않는다는 것은 인간의 거짓말이다. 모으려고 해도 모아지지 않은 약자의 변명, 넋두리에 지나지 않는다."

그렇게 말하고 N군을 데리고 프랑스 요리의 풀 코스를 먹여 주었다. N군은 눈을 번뜩이면서 먹었다.

"어때, 맛있는가?" 하고 물었더니 "응, 둘이 먹다 하나가 죽어도 모르겠는걸."하고 대답했다.

여러분들도 "청빈은 멋진 것이다"고 변명을 늘어놓아서는 안 된다.

"손을 벌리고 있다고
돈이 하늘에서 떨어지는 것이 아니다,
스스로 노력해서 모아 가는 길밖에 도리가 없다."

"돈의 망령(妄靈)"을 철저히 파헤쳐라.

  아무튼 여러분들은 사실 돈이 욕심나는 주제에 돈을 모은
다거나 돈을 버는 것이 어쩐지 뒤가 구리다는 느낌을 갖고 있
는 듯하다. 그것은 커다란 잘못이다. 돈을 모은다거나 돈을 버
는 것은 조금도 부끄러운 일이 아니다.
  우리 나라에서는 옛날부터 '사농공상'(士農工商)이라는 신분적
인 것이 정착해서 상인이 제일 하찮은 계급으로 취급되어 왔
다.
  "저 녀석은 간도 쓸개도 없으니까"하며 모두들 소인배로 취
급하고 있다. '간도 쓸개도 없는 사람'이란 자신의 물건을 팔기
위해서 굽실굽실 하니까 그런 말이 붙은 것이다. 장사를 하는
사람은 잘 알겠지만 매일 좋은 날만 있는 것은 아니다. 맑은
날, 흐린 날, 태풍이 부는 날도 있다. 그것을 가리지 않고 일
한다는 것은 엄청난 노력이다. 그리고 번 돈을 조금씩 조금씩

모아서 크게 되어 간다.

세상에는 '불로소득(不勞所得)'이라든가 '일확천금(一攫千金)'이라고 해서 한번에 크게 버는 사람도 있지만 그렇게 노력 없이 번 돈은 금방 사라져 버린다.

지금의 사회제도는 자본주의 체제와 사회주의 체제로 나뉘어져 있다. 유럽이나 미국과 소련이나 중국을 비교해서 어느 쪽 국민의 생활이 풍요롭다고 생각하는가? 말할 것도 없이 자본주의 국가이다. 여러분들은 학교에서 배웠으니까 자본이란 돈이란 것을 알 것이다. 그러나 그저 돈이 아니다. 어린이에게 주는 돈은 이자도 붙지 않고 이익도 생기지 않는다. 그것은 자본이라고 부를 수가 없다.

돈을 움직여서 이익을 내어 그 이상의 돈으로 증가하거나 벌어들이는 돈을 자본이라고 한다. 그 작은 자본을 인간의 욕심과 노력으로 점점 큰 자본으로 발전시키는 곳에 사업도, 국가도 번영이 있는 것이다.

아프리카의 임금이 아무리 국민을 풍요롭고 행복하게 해 주고 싶어도 돈이 없으면 할 수가 없다. 저개발국이라고 부르는 가난한 나라는 어느 나라나 똑같은 고민으로 고생하고 있다. 국가나 한 가정이나 그 점은 똑같다.

"지옥에 가더라도 돈이면 해결"이라는 말이 있지만 실업의 세계에 들어와 보면 이 말이 아주 틀린 말이 아니라는 것을 잘 알 수 있다.

대학 입학자금, 유명한 의사의 수술 요금, 면허를 얻기 위한 정치헌금……열거하면 끝이 없다. 자본주의 국가이든 사회주의 국가이든, 결국은 자신의 행복을 만들어내는 것은 자신밖에는 없는 것이다. 사회 보장이라는 것을 기대하는 사람은 바보다. 손을 벌리고 있어도 돈이 하늘에서 떨어지는 것이 아니다. 스스로 노력해서 돈을 모아 가는 길밖에 방법이 없는 것이다.

그런데도 사람들은 돈이 나쁜 것이라는 망상을 지니고 살아간다. 돈을 벌려면 먼저 그런 망상에서 벗어나야 돈을 벌 수가 있다.

▶────────────

☺중요한 한 마디

성공의 7가지 법칙

S -- 목표를 설정할 것

U -- 부정적인 사고를 버릴 것

C -- 자신의 진로를 그려 볼 것

C -- 문제에 전념할 것

E -- 문제나 곤란에 적극적으로 부딪칠 것

S -- 자신을 희생할 것

S -- 마지막까지 견뎌낼 것.

"돈 많은 부자가 되고 싶지 않은 사람이 있을까?
누구라도 성공하고 싶고 돈을 많이 벌고 싶은 것이다."

벼락 맞은 돈을 사용하고 있더라도

벼락부자의 악담은 하지 말아라.

여러분도 벼락부자라는 말을 알고 있을 것이다. 벼락부자라는 말에는 '벼락으로 출세한 사람'이라는 경시의 뜻이 내포되어 있다. 여러분도 아마 그렇게 생각하고 있을 것이다.

얼마 전에 미쓰비시 자동차판매회사의 우에구찌 사장이 집을 찾아왔다. 환대를 하지 않으면 안 된다고 생각해서 특별히 순금으로 만든 차 탕기로 차를 끓여 순금의 찻잔에 제일 좋은 차를 넣어서 내왔다.

녀석은 눈이 휘둥그래져서 "쇼꾸다 씨는 어떤 취미가 있습니까?" 하고 묻기에 "벼락으로 돈 버는 것이 취미입니다." 하고 대답했다.

그러자 녀석은 "아하하…." 하고 웃어버렸다.

그렇게 나오기를 기다리고 있었던 것이다.

"사장, 뭐야, 나를 모욕하는 것인가?" 하고 큰 소리를 치며

화를 내 보였다.

그러자 사장 녀석은 갑자기 떨면서 머리를 조아리고 "아니 아니, 그런 뜻으로 웃은 것은 아닙니다."하고 말했다.

"그럼 어떤 뜻으로 웃은 것인가?" 하고 묻자,

"세상에서는 벼락부자라는 것을 분명히 경시하고 있다. 벼락 으로 돈을 버는 방법도 벼락부자라고 하면서 비난하고 있다. 그리고 그것을 숨기려고 한다. 그런데 쇼꾸다 씨는 스스로 나 는 벼락으로 돈을 벌고 싶다고 확실히 말했다. 어딘가 호기 있는 사람이라는 생각이 들어 감탄해서 웃어 버렸다."고 그 이 유를 밝혔다.

"그러면 사장한테 벼락부자라는 진짜 의미를 가르쳐 주겠다. 벼락부자라는 말에는 벼락같이 순식간에 부자가 된다는 뜻이 들어 있다. 이 세상에서 성공을 욕심 내지 않는 사람이 있을 까? 돈 많은 부자가 되고싶지 않은 사람이 있을까? 누구라도 성공하고 싶고 돈을 많이 갖고 싶어한다. 그러니까 실제로는 성공하고 돈을 많이 가진 사람은 한순간에 한 몫을 잡은 사람 이다.

사람은 되려고 노력해도 자기가 되지 않으면 된 사람을 비 난하는 기분을 갖는다. 부러워하는 기분은 시기심이 되고 마 침내 경시하거나 중상 모략하는 기분으로까지 발전한다. 그러 니까 "벼락부자"라는 말은 이 되지 못한 녀석들이 붙인 별명 인 것이다.

벼락부자란 본래 성공하고 돈 많은 분이라는 의미를 가진 멋진 말이었다. 그런데 우에구찌 사장, 자네는 미쓰비시의 녹 을 먹고 있지 않은가? 미쓰비시의 창시자는 누구인가? 이와사

끼일 것이다. 이와사끼(岩崎)는 이름도 없던 사람이 자수성가한 것이다. 소위 미쓰비시도 근본을 말하면 그 시대에 벼락부자였다. 자네는 지금 그 벼락부자가 가진 돈의 열매로 월급을 받고 있는 것이다. 벼락부자님이 아닐까? 내쇼널, 소니, 혼다 등 모두 소화시대의 벼락부자들이다. 자기 당대에 돈을 번 것을 벼락부자라고 하는 것이다. 벼락으로 번 돈을 사용했다고 벼락부자를 비웃는 것은 실례가 아닐까?"

여러분들도 벼락부자를 바보로 취급해서는 안 된다. 벼락부자가 되도록 노력하라.

▶─────────────────

☺중요한 한 마디

성공하는 힘

1. 성실할 것
2. 보통 이상으로 정력을 쏟을 것
3. 자기 실현의 잠재력을 갖출 것
4. 다른 사람을 이롭게 하는 마음을 가질 것

" 똑같은 괴로움이라면
돈 있는 괴로움이 훨씬 좋은 것이다."

커다란 통의 몸 속은
통보다 큰 녀석이 아니면 모른다.

커다란 통의 몸통에 무엇이 있는지 이것을 정말로 알 수 있는 자는 통보다 큰 녀석이 되지 않으면 모른다. 추정이나 상상은 할 수 있을지 모르지만 대부분 그것은 틀린다.

사람은 자기의 척도로 모든 것을 생각하기 때문이다. 작은 척도로는 작은 것밖에 모른다. 커다란 척도로는 작은 것을 잴 수 없다.

가난해 보지 않으면 가난한 사람의 괴로움을 이해할 수 없다. 돈을 많이 가져 보지 않으면 돈 많은 사람의 기분을 이해할 수 없다. 가난한 사람이 보는 돈 많은 사람은 아마 날마다 풍요롭고 즐거움의 연속일 것이라고 생각하겠지만 실제는 그런 것이 아니다.

나도 가난한 시절에는 그렇게 생각하고 있었는데 지금 돈을 많이 갖고 보니 내용은 다르지만 괴로움이 있는 것은 바뀌지 않았다.

가난한 시절에는 돈을 빌리는 것이 괴로웠다. 돈 빌리는 핑계를 대는 것이 부끄럽고 괴로웠다. 빨리 가난에서 일어나 이 괴로움에서 벗어나고 싶다고 몇 번이나 되씹곤 하였다.

그리고 돈 많은 사람이 되고 보니 확실히 옛날의 괴로움은 없어졌지만 다른 괴로움이 기다리고 있었다.

우선 도둑이 무섭다. 강도라도 들어와 자칫 잘못하면 생명까지도 가져갈 위험이 있다. 가난한 시절에는 생명의 위험까지는 없었다. 들어온 도둑도 아마 놀라서 촌지라도 놓고 간다면 몰라도 생명까지는 손을 대지 않을 것을 믿었기 때문이다.

이웃의 참새들은 우리 집을 형무소 같다고 험담을 늘어놓는 것 같은데 집 주위에 높다란 담장을 쌓아올린 것도 지금 말한 도둑 침입을 방지하기 위한 하나의 방편인 것이다.

그리고 기부금을 내달라는 것으로 시끄럽다. 돈을 주든, 주지 않든 악담을 듣는다. 무슨 구실이든 만들어서 돈을 빌리러 온다. 광고다, 취재다 하며 싫어하는 신문기자들이 밀려온다. 이것을 어떻게 잘 끊을까 그 핑계를 만드는데 고생한다.

그리고 세금도 무섭다. 지금의 세법은 재산을 만들어도 그대로 놓아두면 3대를 넘기지 못하게 되어 있다. 도둑보다도 더 지독하다.

가난한 시절에는 상상도 할 수 없었던 괴로움이 계속해서 찾아와 마음이 편안할 날이 없다. 가난한 시절 깡보리밥에 된장국만 먹던 시절이 그립다고 생각할 때가 종종 있다.

그러나 지금 와서 돌아갈 필요는 없다. 똑같은 괴로움이 있다면 돈이 있으면서 괴로워하는 쪽이 가난한 시절의 괴로움보다는 더 좋다는 것은 말할 것도 없다. 똑같은 괴로움이라면 없는 쪽이 더 기분이 좋다는 말은 돈을 벌 수 없는 패배자들의 패배의식일 뿐이다.

돈도 벌어 보지 못한 녀석들이 어떻게 돈 없는 쪽이 낫다라고 말할 수 있는가? 만일 그런 말을 자신 있게 하려면 먼저 돈을 많이 벌어 기부하던가, 남을 주던가 하고 나서 말하라.

▶──────────────

☺중요한 한 마디

성공이라는 정상을 가는 길

1. 성실할 것
2, 보통 이상을 동경할 것
3. 자기 실현의 잠재력을 갖출 것
4. 다른 사람을 이롭게 하는 마음을
   지닐 것

"구멍 뚫린 바켓츠를 갖고 태평하게 걸어다니는
녀석들이 뜻밖에도 많이 있다."

소쿠리를 가져오는 녀석에게 물을 주어서
보내지 말아라.

돈이 많으면 그 나름대로 괴로움이 있다는 것은 앞에서도
이야기했다. 돈을 빌리는 어려움 대신에 돈을 빌리러 오는 녀
석들에 대한 어려움이다. 이것이 시끄럽다. 이것을 어떻게 맵
시 있게 격퇴시킬 것인가 46시간 생각하고 있지 않으면 안 된
다.

더욱이나 내가 젊었을 때와는 아주 다르다. 밀어붙이는 수
단인 진드기 작전 말이다. 빌려줄 때까지는 날마다 라도 온다
고 하는 강심장을 가진 녀석들은 없어졌기 때문에 도움이 되
기는 하지만 말이다.

요즘 빌리러 오는 사람들은 대개 어떤 새로운 사업에 출자
를 해 달라거나, 저 물건을 사 두면 돈을 번다고 하는 등 그
럴 듯한 용건을 만들어 가지고 나를 찾아온다. 옛날과는 달리
상당히 스마트하고 신사가 되어 있다.

반드시 조그마한 방문 선물을 갖고 와서 잡다한 이야기를 길게 늘어놓기 시작한다. 결코 처음에는 돈을 빌려달라거나 출자의 이야기는 입밖에도 내지 않는다. 그것이 내가 노리는 약점이다.

우선 먼저 가져온 선물을 고맙다고 칭찬을 한다. 그리고 그 것을 곧 일하는 사람을 불러 눈에 띄지 않는 곳에 가져가게 시킨다. 그대로 손님이 보는 곳에 놓아두면 나중에 신청을 거절했을 때 사이가 나빠지기 때문이다. 상대도 손해를 입었다고 생각할 것이고 이쪽도 어쩐지 기분이 나빠진다.

그리고 상대가 용건을 꺼내지 않는 동안에 이쪽에서 이야기를 중단시킨다.

"우리 집 정원에는 계속 퍼내도 마르지 않는 아주 오래된 우물이 있다. 수질도 상당히 좋고 풍부하기 때문에 좋아하는 사람에게는 나누어준다. 물론 무료이다. 다만 거기에는 하나의 조건이 있다. 구멍이 뚫려 있지 않은 바켓츠를 갖고 온 사람에게 한한다.

소쿠리를 가져온 사람에게는 절대로 주지 않는다. 공짜로 주는데 구멍이 뚫린 바켓츠나 소쿠리를 가져온다면 여기저기 물을 흘려서 나중에 아주 엉망진창이 되어 버린다. 아주 멋진 정원을 망가뜨리지 않기 위해서 어쩔 수 없는 노릇이다. 그런데 때때로 바보 같은 녀석들이 찾아와서는 소쿠리에다 태평하게 물을 달라고 조르니까 문제가 있단 말이다."

여기까지 말하면 신청하러 온 사람도 스마트한 사람이 많으니까 여기서는 안 되겠다고 알게 된다.

물이란 돈을 뜻하고 구멍이 뚫린 바켓츠나 소쿠리는 돈을 빌리러 오는 사람의 자격이라는 것을….

지금은 내가 젊었을 때와는 달리 금융기관이 발달해 있다. 그것을 이용하지 않고 개인인 나한테 돈을 빌리러 오는 녀석은 실업계에서는 콤마 이하의 인물이다.

나의 독특한 심리작전에 멋지게 말려들어 상대는 우물쭈물하면서 돈의 돈 자도 꺼내지 못한다. 스스로 구멍이 뚫려 있는 것도 느끼지 못하고 태평하게 구멍 뚫린 바켓츠를 갖고 걸어다니는 녀석이 세상에는 뜻밖에도 많이 있다.

▶────────────────

☺중요한 한 마디

산 정상이야말로 샘이 있다.

1. 산에는 불타는 힘이 있다.
2. 산에는 요동치는 힘이 있다.
3. 산에는 방향 전환하는 힘이 있다.
4. 산에는 배우는 힘이 있다.
5. 산에는 힘을 기르는 힘이 있다.

"우리 나라에서는 물건을 사면 그 값만큼
돈을 드립니다"

돈을 쫓아갈 때는 돈이 도망간다.

예전에 재미있는 희극 한 편을 보고 배를 잡고 웃었던 기억
이 있다.

난파당한 선원 두 사람이 어떤 나라에 상륙한다. 배가 너무
나 고팠기 때문에 재빨리 어느 식당에 들어갔다. 음식을 배불
리 먹고 나서 값을 지불하려고 하자 식당 주인이 두 사람을
보고 이렇게 말했다.

"당신들은 이 나라에 처음 오신 모양이군요. 이 나라는 다른
나라와 달리 물건을 산 사람이 돈을 받도록 되어 있습니다.
식당에서 음식을 먹은 경우에는 그 양만큼 돈을 가져가지 않
으면 안 됩니다. 자, 이것을 받으십시오."

두 사람은 깜짝 놀라서 희색이 만면. 거짓말인지 진짜인지
시험하기 위하여 양복점에 들어가서 양복을 사 보았다. 틀림
없이 그 양만큼 돈을 주었다. 그래서 구두도, 모자도, 시계도

욕심나는 물건을 모두 사들였다. 그러자 돈이 가득 들어와서 갖고 다닐 수 없게 되어서 커다란 가방을 샀는데 거기서도 또 돈을 주었다.

처음에는 재미도 있고, 욕심이 생겨 돈을 모으려고 했는데 나중에는 처치 곤란하게 되어 이제 돈만 보아도 지긋지긋하다는 기분이 들어 버렸다.

가방도 무겁고 조금씩 돈을 버리는 것이 좋겠다는 생각이 들어서 쓰레기통에 돈을 버리기 시작했다. 그런데 그 사실을 경찰이 알아 버렸다. 경찰이 찾아와서,

"아니, 쓰레기통에 돈을 버리는 것은 잘못된 일이다. 돈을 버린 현행범으로 즉각 이 자리에서 벌금형을 내린다."

두 사람은 싱글벙글하였다. 벌금을 지불하면 가방이 가볍게 될 것이라고 생각했기 때문이다.

"그렇지 않다. 이 나라의 법률은 벌금에 상당하는 돈을 주는 것이다. 경찰서까지 같이 가자."

두 사람은 또 한번 놀랬다. 이미 돈은 가득 있다. 이런 나라에 이대로 있다간 돈이 너무 많아서 그 돈에 눌려 죽어 버린다. 그런 생각이 들자 처음에 들어왔던 해안으로 달려가 탈출하기로 하였다. 그것을 경찰이 알고 뒤를 쫓아왔다.

"도망치면 또 벌금을 많이 갖고 가야 한다."

그런 장면에서 막이 내려왔다. 돈을 쫓아가고 있을 때는 돈 쪽이 도망간다. 이제 돈이 필요 없다고 생각하면 돈이 찾아와서 자연스럽게 돈이 모아져 간다. 돈이 없을 때는 돈이 욕심나서 고생하고 돈이 모이면 또 그 나름대로 고생이 증가한다.

세상이란 이런 것이다.

"마음에 여유를 가져야 한다.
여유가 없으면 조급해서 실패한다."

고래를 잡으러 갈 때는 고래잡이에만 전념하라

고래를 잡으러 남태평양으로 향하는 배가 도중에 정어리 떼를 발견했다고 해서 정어리에게 다가간다는 것은 고래를 잡는 것이 아니다.

고래를 잡으러 가는 배이라면 고래잡이에 철저해서 정어리 떼 등에 눈을 돌려서는 안 된다. 커다란 일을 이루려고 하면 작은 일에 신경을 빼앗겨서는 안 되는 것이다. 지엽말단은 부하에게 맡겨라.

돈을 모으기 위해서는 아무리 작은 일이라도 전력투구하는 것이 필요하지만 이것저것 모두 욕심을 내서는 "두 마리 토끼를 쫓으면 한 마리도 못 잡는다"라는 격언대로 모두를 잃는다.

어느 정도 힘이 생겼을 때는 그 나름대로 마음가짐이 없어서는 안 된다.

작은 이익은 작은 자에게 나눠주어라. 작은 이익을 찾아서 이것도 욕심 내고, 저것도 욕심을 내면 커다란 이익이 도망쳐 버린다. 이것저것 손을 대는 녀석은 그릇이 작아서 커다란 돈을 모을 수가 없다. 인간적으로도 크게 성공을 하지 못한다.

면도칼은 잘 잘라진다. 종이를 자르는 데는 안성맞춤이다. 실수를 하면 손까지 벨 정도로 잘 잘라진다. 그러나 이렇게 잘 잘라진다고 해도 이 면도칼로 큰 목재는 자를 수 없다. 재목을 자르는 것은 톱이나 도끼이다.

톱이나 도끼로는 종이를 잘 자를 수 없다. 그래서 말하는 것이다. 종이를 자르려면 면도칼에 맡겨 두면 된다. 면도칼은 어차피 장군의 그릇은 아니다. 톱은 그저 그렇다. 도끼야말로 장군의 그릇이다. 면도칼의 일 같은 교활함을 몸에 지니지 말라. 작은 재주의 인물은 사용하는데 편리한 인물일지 몰라도 결코 큰 사업을 이룰 수 있는 인간은 아니다.

돈을 모으는 것이나 사업은 조급해서는 안 된다. 언제나 전체를 보고 기회를 만들어내어야 하는 것이다. 가난하면 언제나 눈알을 이리저리 굴려 잡어(雜魚)를 잡는데 급급해진다. 마음에 여유를 가져야 한다. 마음에 여유가 없으니까 조급해서 실패한다.

지금 생각해 보면 내가 젊었을 때 가난한 시절, 그런 잘못을 반복했다. 인간은 어느 정도 돈을 갖지 않으면 마음에 여유를 가질 수 없는 것이다.

어쨌든 도끼 같은 둔중함과 톱 같은 강한 끈기를 갖고 일을 대하라. 고래를 잡으려면 고래잡이에 철저하라.

"아내가 죽었을 때 리어커를 빌려 관을 싣고
아이들과 함께 장례식을 치뤘다,
체면이 무슨 관계가 있는가?"

체면에 신경을 써서는 돈을 모을 수 없다.

"들어오는 것을 재어서 나가는 것을 억제하라"라는 말이 있
다. 이익을 만들어내고 돈을 모으기 위해서는 경비의 절약을
철저히 하지 않으면 안 된다.

내가 후꾸시마 교통(福島交通)의 부사장 시절, 아내가 암으로
죽었다. 사장, 전무가 여러 궂은 일을 도와주려고 많은 사원을
데리고 와 주었다. 나는,

"아내가 죽어서 제일 슬픈 것은 가족이다. 그러니까 장례식
은 제일 슬프다고 생각하는 근친자만으로 한다. 조의금도, 화
환도, 생화도 일체 받지 않는다. 관계 방면에 틀림없이 그렇게
전해 주게. 사장 개인의 장례식에 사원을 사용하는 것은 공사
(公私)를 혼동한 것이다. 후의는 감사하지만 사원을 데리고 가
주십시오."

그렇게 말하고 사장 이하 사원들을 돌려보내 버렸다.

그곳으로 스님이 찾아왔다.

"스님은 몇 사람 정도 부르면 좋을까요?"하고 물어왔다. 그래서 나는,

"자네 혼자서는 우리 집 사람을 극락으로 보낼 수 없는가?"하고 물었다. 그러자,

"아니 혼자서도 괜찮습니다. 그러나⋯."

"그렇다면 됐다. 혼자라도 극락으로 보낼 수 있다면 한 사람으로 충분하다. 그러니까 내일 장례식에는 특별히 자동차를 보내지 않을 테니까 정각까지 자전거로 와 주게."하고 말했다.

스님은 놀란 얼굴을 하고 있다가 "법명을 받으시겠습니까?"하고 우물쭈물 하고 있었다.

"법명을 받지 않으면 극락에 갈 수 없는가?"

"아니, 그런 것은 아닙니다."

"그럴 것이다. 이 세상에서 사용하고 있던 이름이 진짜 이름이다. 그것을 전혀 알지도 못하는 다른 이름인 법명을 붙이고 그 글자대로 돈을 낸다는 것은 바보 같은 짓이다. 스님만 있으면 되는 것이다. 법명은 필요 없다."

스님은 허둥지둥 돌아갔다.

다음 날 장례식에는 이웃의 도움도 일체 거절했다. 아이들에게 리어커를 빌리게 하여 관을 사서 아내의 시체를 울면서 납관하여 절로 향했다. 나를 위해서 너무나 고생한 아내다. 어째서 슬프지 않을 수 있을까? 형식적인 말만 늘어놓는 문상보다 정말로 슬퍼하는 가족들만의 손길로 장례식을 하는 편이 훨씬 좋다는 생각에서다. 세상 체면에 신경 쓸 필요가 있을까?

화환이나, 생화 등 쓸데없는 것을 전부 거절하니까 형식적인 조문은 모두 "조의금"으로 배려해서 회사나 자택으로 보내왔다. 조의금은 현금이니까 고맙게 받았다.

입이 가벼운 참새들은 "저렇게 까지 해서 돈을 모으지 않아도…."하고 말하는 듯하지만 특별히 장례식을 이용해서 돈을 모으라는 뜻은 아니다. 내가 죽을 때도 이런 요령으로 해 달라고 자식들에게 말해두고 있다. 참새들의 말에 신경 써서는 안 된다.

"연작(燕雀)이 어찌 홍곡(鴻鵠)의 뜻을 알리오."

<참새가 어찌 봉황의 뜻을 알리오.>

☺중요한 한 마디

성공은 한 걸음부터

1. 작은 규모부터 시작하라.
2. 가능성을 고려하라.
3. 예상보다 조금 높은 곳을 목표하라.
4. 당신의 모든 꿈을 투자하라
5. 승리를 마음에 그려라.
6. 성공하기를 바라라.

"한 되 병보다는, 한 말 통, 한 말 통보다는
한 섬 통이 술이 많이 남는다."

한 되 병은 쓰러져도 술은 남아 있다.

나 같은 고액 소득자가 되면 세금이 65%나 나온다. 세금이
커서 수입이 거의 없으니까 짜증난다. 마치 세무서를 기쁘게
하기 위해서 일을 하는 것 같다. 아무리 돈을 모아도, 사업을
크게 해도 모두 세금으로 가져가기 때문에 견딜 수 없다. 일
할 필요가 없다는 생각도 들지만 세제가 그렇게 되어 있으니
까 불평을 늘어놓아 보았자 소용이 없다.

세금이 미우니까 소득이 없는 쪽이 좋지 않느냐고 말할지
모르지만 그렇지 않다.

지금 여기에 술이 들어 있는 한 되 병이 있다고 하자. 그것
을 쿵하고 쓰러뜨리면 술이 쏟아진다. 쓰러져도 분명히 전부
는 흘러나오지 않는다. 3홉 정도는 남는 것이다.

그 3홉은 마음놓고 마실 수 있으니까 역시 없는 것보다 있
는 쪽이 났다. 그것도 한 되 병보다는 한 말 통, 한 말 통보다

는 한 섬 통, 크기가 클수록 남는 양이 많다. 소득과 세금의 관계는 그렇게 나누는 쪽이 좋다.

그 대신에 절세 대책만은 충분히 연구해 두지 않으면 안 된다.

예를 들면 여비다. 여비는 여러분도 알고 있는 것처럼 회사 경비로 떨어준다. 받은 쪽도 세금에 관계되지 않는다. 그러니까 나는 이것을 최대한으로 이용했다. 실제로 출장 가지 않더라도 계획적으로 출장 가는 것으로 해서 일당도 대 사장답게 받았다. 그러나 이전에 세무서에서 주의를 받았다.

"쇼꾸다 씨, 출장도 적당히 해 주십시오."

왜 그러냐고 물었다.

"실은 당신의 출장을 조사했더니 관련회사에 한 달 동안에 36일이나 출장을 하셨더군요."

하고 말했다. 아무리 배짱이 좋은 나이라도 여기에는 입을 다물 수밖에 없었다.

그리고 상장 주식 매매도 재미가 있다. 이 차익도 비과세이니까 연구해 보면 유익한 재산 만들기가 된다. 이것도 크게 움직이자.

그밖에도 방법이 여러 가지가 있는데 수업료도 지불하지 않은 여러분에게 가르쳐 줄 수는 없다.

지금의 세제에서는 아무리 돈을 모아도 정직하게 상속세를 납부해 가면 3대째에는 없어져 버린다. 그렇다고 해서 돈 모으는 것을 그만 두면 누구도 도와줄 사람은 없다.

돈을 모은다는 것은 내가 자주 말하듯이 생활을 풍요롭게 하기 위한 것과 그것을 토대로 해서 차례 차례로 자기가 생각하고 있는 사업을 크게 해가려고 하는 것이다.

　세금에만 한정된 것이 아니라 돈 버는 일과 돈을 저축하기 위해서는 온갖 장애가 있다. 그것을 타고 넘을 것인지 그렇지 않을 것인지 하는 차이일 뿐이다.

▶────────────────

☺중요한 한 마디

아이디어의 중요성에 대해서

　　1. 아이디어의 형태를 만든다.
　　2. 아이디어를 확고히 한다.
　　3. 아이디어를 기른다.
　　4. 아이디어를 정리한다.

제 2 장
"학문"으로는 밥을 먹을 수 없다

"돈이라는 것은
새우로 도미를 낚을 때만 나오는 것이다."

경영학 따위 똥 같은 것은 뒈져라

여러분들은 종종 경영세미나에 가는 모양인데 사업을 모르
는 학자들의 풋내 나는 이야기를 듣고서 도대체 무엇이 될까?
나한테 와서 날마다 내 이야기를 듣고 있으면 그것으로 충분
할 것이다. 학자들은 사람들의 이야기를 정리해서 그것을 난
도질하여 팔아가며 생활하고 있다.

스스로는 피 흘리는 경험을 전혀 하지 않은 주제에 "야담가
같은 말재주를 가지고" 말하기 때문에 말은 멋지지만 피가 통
하지 않는다. 이 전에도 이름은 잠깐 잊었지만 이름 있는 경
영학자가 실제로 사업에 손을 대어서 멋지게 실패하지 않았는
가?

억지이론을 말하는 비슬비슬한 학자들도 사업이라는 것을
정말로 이해하고 말하는 것일까?

기업의 목적은 이익의 확보에 있다 등으로 말하며 어려운

이론을 붙이고 있지만 돈 모으는 비결은 "들어온 돈을 내보내지 않는 것이다"의 한 마디로 직결된다.

돈이라는 것은 새우로 도미를 낚을 때만 나오는 것이다. 그렇게 되면 10배나 되어서 돈이 또 들어온다. 이것을 절대로 꽉 잡고 놓지 않는다. 이것을 연속적으로 겹쳐 쌓아 가는 것이 돈 모으는 것이다.

학자가 말하는 것을 듣고서 돈을 모은다면 본인이 특히 돈을 많이 모을 수 있을 것이다. 경영학부의 선생을 사장으로 부탁하면 좋을 것이다.

경영 평론가나 경영학자 같은 녀석들은 경제계에 기생하는 기생충이나 사주쟁이 같은 것이다. "맞춰도 사주 탓, 못 맞춰도 사주 탓" 믿을 수 없는 것이다.

돈을 모으려고 한다면 이제부터 어떤 사업이 좋을까? 그것은 스스로 고생해서 찾아내야 하는 것이다. 다만 힌트를 말한다면 "불성실한 장사를 할 것" "더럽고, 사람들이 싫어하는 장사에 눈을 돌릴 것." 이것이다.

불성실한 장사란 있으나 없으나 좋은 장사이다. 예를 들면 야쿠르트 같은 것이다.

그런 것은 무리해서 먹지 않아도 살아갈 수 있다. 야쿠르트의 선전으로는 하루에 한 개라고 말하고 있지만 그것은 거짓말이다. 팔기 위한 선전 문구이다. 옛날에 야쿠르트가 있었던가, 야쿠르트가 생겨나고 나서 모든 사람이 오래 사는가? 그런 증거가 어디에 있는가?

인간이 죽을 때는 죽는 것이다. 장수에 좋다거나, 건강에 좋다고 하면 금방 뜬다. 그러니까 돈을 모은다.

더럽다는 것은 일종의 변소 치우기다. 이제부터는 폐액 등 산업폐기물이 변소 치우기 장사다. 더러운 것은 누구나 싫어해서 손을 대지 않는다. 거기에 돈이 있다.

성실한 장사는 이제부터는 소비자나 정치의 개입이 있으니까 재미가 없다.

▶───────────────

☺중요한 한 마디

신뢰받고 의지할 수 있는 사람의 조건

상대가 좋아하는 것을 따르면
그 사람은 당신의 이익에 따르게 된다.
<에드워드 리튼>

일체의 것을 잊고 도취하는 것이
애인끼리라면, 일체의 것을 알고
기뻐하는 것이 친구끼리이다.
<아베르 보나르>

"장사는 살아있는 인간끼리의 매매이니까
심리작전을 펼쳐도 좋다."

살 때는 싸게 팔 때는 비싸게

이제부터 장사상의 매매 코스인데 팔고 싶은 경우에는 상대의 느낌을 확 끌어들이기 위하여 생각보다 훨씬 싼값을 붙이는 것이다. 백만 원 짜리 이라면 50만원이라고 한다.

그러면 상대는 반드시 관심을 가져온다. 이제 살 작정으로 돈을 준비하고 여러 가지 수배를 완료한다. 그 때 사이를 두었다가,

"아니, 실은 다른 곳에도 팔 곳이 있는데, 상대는 150만원이라고 말해 와서 아주 죄송합니다만 아무래도 그쪽으로….."

하고 머리를 숙여 보인다. 그러면 상대는,

"무슨 말입니까? 이쪽은 그 금액으로 사려고 결정해서 이미 완전히 수배를 끝냈는데. 이제 와서 그런 말을 하시면 곤란하지요."

"죄송합니다만 그쪽에서 3배나 더 준다고 하니….."

"곤란한 사람이군요, 내 쪽은 이미 수배도 끝내 놓았고, 어떻습니까 120만원으로 해 주지 않겠습니까?"

"30만원이 부족하지만 하는 수 없지요. 최초로 입을 뗀 쪽이 당신이니…."

그렇게 말하며 이 상담을 끝낸다. 결국은 팔고 싶은 금액보다 높게 팔았고, 상대도 30만원 싸게 샀다는 기쁨을 주는 것이다.

살 경우는 이 경우와 반대다.

처음에 높은 값을 붙여 상대에게 팔 기분을 갖게 하는 것이다. 상대는 파는 것으로 결정한다. 그 때 사이를 두고 이번에는 가격을 낮추는 것이다. 이유는 얼마든지 붙일 수 있을 것이다. 은행에서 예정대로 돈을 빌리지 못하게 되었다든지 좀 더 좋은 것이 나타났다든지.

상대는 이미 돈이 들어오면 이렇게 하자, 저렇게 하자 하고 생각해서 이미 다른 물건까지 사고 있을지도 모른다. 화는 나지만 어쩔 수 없다. 어느 정도 손해를 보더라도 정리해 버리자. 그렇게 결심한다.

그것이 약점이다. 상대는 할 수 없이 팔게 될 것이다.

어떤가. 경영학 등에서는 볼 수 없는 진짜 비전이다. 온갖 매매의 경험을 해 보고 자연스럽게 몸에 익힌 상담 코스이다.

살아 있는 인간끼리의 매매이니까 당연히 심리작전을 이용해도 좋은 것이다.

"주위에 인정받기 위하여 허풍을 떨고
그 허풍을 반드시 실현시켜라."

크게 허풍을 떨며 걸어라

다음에 또 하나, 경영학 등에서 가르쳐 주지 않는 중요한
것을 배워 보자. 그것은 크게 허풍을 떨면서 걸어가라는 것이
다. 그것도 가능하다면 유모어가 있고 어느 정도 실현 가능한
허풍을 떨면서 걸어가는 것이다.

허풍을 떨면 상대는 허풍이라고 생각하더라도 그 허풍을 잊
지 않는다. 허풍을 떠는 쪽도 그대로 "저 녀석은 허풍쟁이다"
라고 불려지며 신용도 없어지고 사내로서의 체면도 깎인다.

그러니까 열심히 노력해서 자신이 말한 것을 실현하려고 발
버둥친다. 즉 유언 실행(有言實行)이다.

불언 실행(不言實行)이 희망이지만 돈이 없거나 지위가 낮으면
어지간히 세간에서는 유능한 사람이라고 인정해 주지 않는다.
그러니까 스스로 주위의 무리들에게 인정받기 위해서도 허풍

을 떨고 그 허풍을 실현하는 것이 중요한 것이다.

어느 때 청주성의 돌담이 무너졌다. 20일이 걸려도 아직 완성되지 않았다. 노부나가(信長) 곁에서 걷던 히데요시(秀吉)는 일부러 노부나가가 들으라는 듯이 큰소리로 이렇게 말했다.

"촌각도 쉴 수 없는 이런 전쟁 때 도대체 이것은 어찌된 일이냐? 내일 적이 쳐들어오지 않는다고 단정할 수 없다. 20일이나 걸려도 아직 완성이 안 되다니. 나라면 3일이면 해 버리겠다…."

주위에 있던 무리들은 또 히데요시의 허풍이 시작되었다고 웃었다. 노부나가는 듣기를 마치고,

"원숭이. 그런 허풍을 떠는 것이 아니다. 말을 했으니까 주인에게 자신이 있었을 것이다. 이보다 직접적으로 봉행하는 것이 어디 있겠는가? 지금부터 3일간 기간을 준다."

히데요시는 '기다리고 있었습니다' 하는 짝이었다. 기회가 찾아왔다. 백간의 돌담을 10구역으로 나누고, 사람수도 10조로 나눠 수당도 배로 해서 청부를 맡겼다. 결과는 3일도 걸리지 않고 2일만에 완성해 버렸다.

히데요시가 만일 3일 안에 완성시키지 못했다면 단순한 허풍쟁이로 끝나 버렸을 것이다.

또 히데요시의 허풍을 듣고도 이야기를 하지 않았다면 노부나가에게 인정받는 기회는 얻지 못했을 것이다. 허풍의 효용이 나타난 것이다. 언제나 커다란 꿈, 커다란 일을 생각해서 발언하고 있으면 어느 틈엔가 기회가 찾아와 인간도 커지고 커다란 사업도 이룰 수 있게 되는 것이다.

"사람이 모이는 곳이 땅값이 높은 것은
그만큼 가치가 있기 때문이다."

물고기가 있는 곳에 투망을 던져라

투망이라는 것을 알고 있는가? 개울이나 강에서 민물고기를 잡는 망이다.

간단한 것 같지만 이 망을 사용하는데도 기술이 필요하다. 숙달하기까지는 꽤 여러 해가 걸리는 것이다.

그러나 아무리 기술이 숙달했다고 해도 물고기가 없는 강에 가서 투망을 던져서는 의미가 없다. 투망도, 기술도 물고기를 잡는 것이 목적이고 그 수단에 지나지 않는다.

이러한 비유로 설명하면 세상 사람들은 정말 어떻게 하고 있을까? 하고 있는 일이 거의 모두가 이것과 반대가 많다. 목적과 수단을 엉망진창으로 하고 있는 것이다.

세일즈의 기술을 몸에 지녔다고 해서 그것만으로 물건을 팔 수 있는 것은 아니다. 산꼭대기에 올라가 아무리 물건을 잘 설명하더라도 물건이 팔리지 않는다. 사줄 손님이 없기 때문이다.

아무리 우수한 제품을 만들어도 산촌이나 빈촌 사람들을 상대로 해서는 설령 팔리더라도 판매고가 올라가지 않는다.

그러니까 상품 판매상 중요한 것은 물고기가 있는 곳에다 투망을 던지는 것이다.

물고기란 즉 사람이다. 투망이란 판매기술, 상품이라는 것이 되지 않을까?

일본에서 가장 물고기가 많은 곳은 어디일까? 동경일 것이다. 그렇게 보면 이 동경에 투망을 활짝 펼치는 것이 제일이라는 것이다.

지방에서 볼링이 벌이가 된다고 해서 자동차로 사람이 올 테니까 하고 번화가에서 떨어진 교외에 훌륭한 볼링장을 만든다. 지방의 드라이버 등을 많이 알고 있다. 그것을 미국에서는 어쩌구저쩌구 하면서 바보처럼 설비투자를 한다. 볼링 열이 내려가면 저 훌륭한 시설은 사용할 수 없게 되어 버린다. 본래 물고기가 없는 장소에서 물고기를 잡으려고 한 것이니까 처음부터 무리한 이야기이다.

빠징고 집이 오늘날에도 잘 되고 있는 것은 역전이나 번화가 등 사람이 모이는 곳에서 하고 있기 때문이다. 볼링도 일종의 빠징고 집과 똑같지 않을까?

사람이 모이는 장소가 땅값이 높은 것은 그만큼 가치가 있기 때문이다. 땅값이 싸다고 해서 물고기가 없는 교외에서 장사를 하려고 하면 반드시 그 장사는 패배한다. 생각도 하기 전에 당연한 이야기가 아닐까?

"사업가는 전체를 잘 보고
미래를 내다볼 줄 알아야 한다."

앞을 보는 눈을 길러라

이것은 A군과 화삼광학(和三光學)이라는 회사를 하고 있을 때의 이야기이다.

A군이 와서 함께 현미경을 만드는 회사를 하고 싶다고 했다. 벌이가 되느냐고 묻자 곧바로 "전시 중에 시골로 흩어졌던 화삼광학이라는 회사가 있다. 우수한 기술과 기계를 갖고 있는 실적이 좋은 회사인데 노동쟁의로 경영자가 할 기운을 잃고 팔아도 좋다고 말하고 있다"고 했다. 노동자 대표를 퇴치해 버리면 전후의 부흥기이니까 학교나 연구소 등에 많이 팔린다. 확실히 벌이가 된다는 이야기였다. "그런가. 그렇다면 좋다"고 생각되어서 내가 회장이 되고 A군은 사장이 되어 경영에 참가했다.

그런데 실적이 확 오르지 않는다. 그러던 중에 동경에 출장했을 때였다. 동경에서 현미경을 만들고 있었던 것이다. 더욱

50

이나 가격이 우리보다 훨씬 쌌다. 어찌된 일인가 하고 조사해 보니 인건비의 차이였던 것이다. 잔손이 많이 가는 작업은 노동 기준법에 걸리지 않는 하청으로 가내공업에 맡기고 있었다. 결과적으로 값싼 시골 공장보다 훨씬 가격이 낮춰진 것이었다.

운임도 싸다. 세일즈에도 편리하다. 어쨌든 물고기가 가득 있는 동경이다. 이렇게 되어서는 승산이 없다고 직감했다.

군자(君子)는 표변(豹變)이라는 말이 있다. 틀렸다고 알았다면 곧 고치는 것이다. 돌아오자마자 A군을 설득했지만 A군은 지금까지 이루어놓은 것과 체면 때문에 그만둘 결심을 하지 않았다.

여기서는 체면도 소문도 모두 버리고 재검토해서 착수하는 것이 사업가인데 그것은 각각 사람 나름의 그릇이다.

나는 나 자신도 손해를 입었으니까 날마다 A군에게 가서 그만 두자고 졸랐지만 그것을 고깝게 생각해서 나에게 회장직을 그만 두라고 했다. 속으로는 잘 됐다고 생각했지만 여기서 간단히 O.K하면 주식을 높은 가격에 팔 수가 없다. 나는 회사의 전도를 우려해서 고언(苦言)을 제시한 것이라고 말하고 반대의 얼굴을 지어 보였다.

마침내 A군도 곤란해서 사람을 시켜 주식을 인수하겠다고 이야기를 걸어왔다. 어음이라고 했다. 나는 단칼에 거절했다. 부도가 나면 어음은 한 푼도 건지지 못한다고.

그 소식을 전해 듣고 A군은 길길이 뛰면서 화를 냈다고 한다. 여위었어도 말랐어도 나는 지주다. 부도를 염려한다면 땅을 담보로 넣어 주겠다고 말해 왔다.

생각한 대로다. 결국 부도를 내고 비싼 땅이 내 손에 들어왔다.

사업가라는 것은 전체를 잘 보고 앞을 보는 눈을 기르는 것이 중요하다. 그렇게 해도 인간이기 때문에 틀릴 때도 있다. 그 때는 위신도 체면도 소문도 다 벗어버리는 것이다. 소인은 이것이 무엇인지 모른다. 도대체 장사 전략이라는 것을 알고나 있을까?

▶────────────────

☺중요한 한 마디

왜 이 사람 곁에 사람이 모일까?

사람을 매혹시키는 것을 갖고 있지 않다고
자각하고 있는 사람은 그것에 대해서
끙끙거리기보다는 자연 그대로 혼자서
살아가는 것이 현명하다.
세상에는 그런 사람을 추운 겨울 밤
천리를 마다 않고 달려오는 사람도
것이다.

"진정한 사업가는 체면이나 세상 평판에
끌려가서는 안 된다."

군자는 표변해도 좋은 것이다.
豹變

종종 우리 집에는 창업 100년, 일관해서 똑같은 사업을 영위해 왔습니다 하며 득의 만만해서 위세 등등하게 찾아오는 녀석들이 꽤 있다. 무엇이 위대한가? 자신이 바보라는 것을 천하에 떠벌리며 걸어다니고 있는 꼴이다. 이 변화무쌍한 시대에 용케도 한 사업에 목숨을 걸어온 것이라고 생각한다.

대부분 2, 3대째의 바보스런 후계자가 아무것도 모르고 걸어가고 있는 것이지만 이런 상대는 사업가가 아니다.

확실히 그 창업자는 위대한 사람이었을 것이다. 창업자라는 것은 고심 참담(苦心慘憺), 그 시대의 흐름과 그 요구를 통찰해서 새로운 사업을 일으켰기 때문이다. 어쨌든 창업의 시대로부터 해를 거듭해감에 따라 세상은 변천한다. 옛날에 좋다고 했던 것이 점점 통용하지 않게 된다. 그 때에는 생각을 바꿔서 방향전환을 해야 한다. 그것이야말로 사업가가 취해야 할

길이다. 후계자라는 것은 창업자가 찾았던 것을 찾아야 하지 그저 무난하게 지켜 가면 그만이다 라고 하는 것은 곧 몰락하는 길이다.

바구니 만드는 집에서 태어났으니까 나는 선조의 유언대로 이 장사에 전력투구한다고 해서 누가 바구니를 이용해 줄까? 바구니는 이미 골동품이 되어 있는 세상이다. 나는 젊을 때부터 온갖 장사를 다해 왔다. 그러나 결코 좋아하는 장사만 해 온 것은 아니다. 그 때 그 시대의 흐름을 생각해서 바꿔온 것이다. 하지 않은 장사는 여자 집과 사람 죽이는 일 뿐이다.

그리고 그 사이에 실패를 수없이 만들어 왔다. 그 온갖 실패의 경험, 장사의 경험을 갖고 있기 때문에 앞이 보인다. 그러니까 후꾸시마 교통에 눈을 돌리게 된 것이라고 생각하고 있다. 교통사업은 면허사업이라서 누구라도 간단히 장사할 수는 없다. 공공자본으로 노선은 만들어지고 나중에는 현금장사이다. 때로는 선금도 들어온다. 불량채권도 없다. 새로운 버스를 달리는 일로 그 부근의 땅값을 올릴 수도 있다. 관련사업을 이것저것 한다. 거기에 매력이 있었다. 일본의 발전과 함께 회사도 크게 되어 갔다.

그러나 이제는 이 사업도 좋은 시절은 지나갔다. 운임에 정치가 개입하고 노동조합이 강해지면 이런 재미없는 사업을 할 사람이 없어진다. 큰 결단을 내려 방향 전환을 할 수밖에 없다. 사업가에게 필요한 것은 이 유연한 자세다. 언제라도 변화에 따를 태세가 되지 않으면 안 된다. 조그만 체면이나 세상 평판에 끌려서는 안 된다. 이것을 "군자는 표변한다"라고 말하는 것이다. 사업가는 바보의 하나라고 기억되어서는 안 된다.

"준비가 있으면 실패가 없다.
더구나 내 경우는 벌이가 된다."

준비하고 있으면 돈이 벌린다.

준비하고 있으면 걱정이 없다. 화재보험은 모두에게 액면
이상을 붙여 준다. 차량보험도 이익보험도 여러 가지로 째째
하게 붙여 주는 것이다. 이것은 사장의 중요한 임무 중의 하
나이다.

그렇게 준비해 두면 일단 화재가 일어나도 그만큼 벌이가
된다. 그리고 편안히 잠잘 수가 있다. 즉 화재를 당한 뒤 더
잘 된다.

내 경우에는 가솔린 스탠드에도 숙직을 두지 않는다. 도난
보험을 들어두었기 때문이다. 강도가 들어와서 숙직원과 격투
라도 일으켜 사원이 죽거나 상처받아서는 타산이 맞지 않는
다.

그보다도 보험에 들어 있으면 돈벌이가 된다. 도난 당한 상
품은 보험회사가 현금으로 지불해 주기 때문에 강도도 문제가

없다.

이전에 우리 회사에 들어온 강도가 나고야(名古屋)에서 잡혔다. 게다가 도둑 당한 상품이 그대로 있다는 것이었다. 상품이 나오면 먼저 받은 상품대를 보험회사에 반환하지 않으면 안 된다.

이것은 곤란하다. 나고야 경찰서에서 상품을 인수해 가라는 호출이 있었기 때문에 지체없이 계원을 출장 보냈다. 계원이라는 것은 경찰 담당의 우리 쪽 사원이다. 이 계원이 출장 가기 전에 나한테서 자주 그 요령을 배웠다. 이 상품은 절대로 우리 것이 아닙니다 하고 오리발을 내밀라는 것이다.

그런데 이 강도, 나는 결코 이 피해 서류만큼 상품을 훔치지 않았다고 완강히 주장하고 있었던 것이다. 훔친 물건은 이것뿐이고 나머지는 모르고 존재하지 않는다고 일관했다. 아무리 꾸짖어도 밝혀지지 않았다.

정직한 강도다. 실제는 강도가 말하는 것이 올바른 것이지만 그것을 인정하면 큰일이 난다.

계원은 어디까지나 우리가 낸 피해 서류가 틀림이 없습니다. 이 상품은 우리 것이 아닙니다 하고 시킨 대로 말하고 돌아왔다. 경찰도 몹시 난처해진 듯하다.

결국 경찰에서도 약점이 있었다. 상품을 놓아둘 장소가 없었던 것이다. 훔친 물건은 회사 앞으로 반송해 왔다. 이것을 받으면 보험금을 돌려보내지 않으면 안 된다. 그래서 슬금슬금 보험회사에 의향을 물어 보았다.

그러자 이미 옛 일이기 때문에 처리 결제가 끝났으니까 그다지 염려하지 않아도 된다는 대답이었다. 덕분에 보험금을 받은 외에 상품도 그대로 돌려 받았다.

사고를 상상하지 않은 사업은 할 수 없다. 상상한다면 보험을 들어둘 것. 이 지킴의 준비 없이는 사업가라고 말할 수 없는 것이다.

준비가 있으면 실패가 없다. 그보다 내 경우는 준비해 두면 벌이가 된다는 것이다.

▶────────────────

☺중요한 한 마디

조그마한 부주의가 신뢰를 잃는다.

신뢰는 거울의 유리 같은 것이다.
금이 가면 원래대로 할 수가 없다.
　　　　　　＜스위스 철학자, 아미에르＞

말은 참새가 아니다.
날아가 버리면 두 번 다시
잡을 수 없다.
　　　　　＜러시아의 속담＞

"학력이나 경력이 없이 뻗어갈 곳은
실업의 사회밖에 없다."

실업의 사회는 씨름의 사회이다.

　실업의 사회는 씨름의 사회와 같다. 실력의 사회라는 것이
다. 실력이 있는 것이 천하장사가 되는 것이지 천하장사의 아
들이 반드시 천하장사가 된다고 할 수는 없다. 혈통도 관계가
없다. 가문도 문벌도 일체 관계가 없다. 그저 실력만이 제일이
다.

　또 학력이라는 것도 마찬가지이다. 동경대(東京大)를 나왔다고
해서 천하장사가 될 수 있는가? 되는 것이 아니다. 다만 실력
뿐이다. 강한 자가 이긴다.

　이에 반해서 정계, 학계, 임원의 사회에서는 학력과 경력이
라는 것이 있다. 아무리 실력이 있어도 초등학교 출신이 사무
차관이 되지는 않는다. 소위 이 조직은 씨름의 사회가 아니라
임원의 사회인 것이다. 가문, 문벌, 학력, 경력이 없으면 실력
이 있어도 어지간히 출세하지 못한다.

학력이나 경력도 없이 뻗어갈 수 있는 곳은 실업의 사회밖에 길이 없는 것이다. 그리고 실업의 사회에 뜻을 세운 이상은 재벌에 꿈을 두지 않으면 안 된다.

그러기 위해서는 돈을 모으는데 전념하지 않으면 안 된다.

실업의 세계, 사업가의 순위는 돈의 높이. 얼마나 돈을 움직일 수 있느냐로 결정된다. 아무리 훌륭한 말을 하더라도 돈이 없으면, 사업을 발전시킬 힘이 없으면 사업가로서는 낙제이다. 경영의 3요소는 옛날부터 <돈, 물건, 사람>이라고 말하지만, 나의 신조는 마지막이 돈이라고 생각하고 있다.

예전에 나를 모델로 <모든 읽을거리>라는 잡지에서 어떤 에로작가가 "이기면 충신"이라는 제목으로 소설을 썼는데 세상에서는 "이기면 충신"이라는 의미를 오해하고 있는 녀석이 많다. 사업의 세계에서는 지면 아무리 좋은 변명을 늘어놓더라도 말발이 서지 않는다. 이기지 않으면 안 되는 것이다. 종업원의 행복도, 사회적 사명도 "그림 속의 떡"이 되어 버린다.

씨름의 사회와 닮았다고 했는데 씨름의 사회는 그래도 났다. 져도 생명이 있다. 실업의 사회에서는 실패, 즉 죽음을 의미한다. 진짜 칼을 갖고 하는 승부인 것이다. 마지막이 되는 것이다. 실업의 사회는 "생산"의 사회이고, 관리나 학자의 사회는 "소비"의 사회이다. 실업의 사회는 피투성이의 노력을 거듭해서 창출해 간다. 여기에 반해서 관리나 학자의 사회는 실업의 사회를 교묘하게 말하거나, 작은 이론을 말하면서 뽐내며 돈을 낭비하고 있다. 진짜 인간은 소비의 세계에서 나오지 않는다. 진검(眞劍) 승부의 맛이 없기 때문이다. 소비 사회의 녀석들은 생산사회에서 보면 어쩐지 다루기 힘든 바보들이다.

"언제나 상인 정신에 철저해야만 한다."

행주치마 정신에 철저하라.

동북의 실업가라는 자들은 작은 이론만 알고 있고 장사 일이 되면 확실히 알고 있지 않은 것이 많다. 그러니까 동북에서는 정치가나 군인 등의 인물은 나와도 대 실업가는 나오지 않는다.

전전(戰前)의 이야기이지만 동북에는 제사공장이 많이 있었다. 후꾸시마현 등에도 많은 편이었다.

어느 때 전국의 제사공장 사장들이 모여서 회의를 열었다.

동북의 사장들은 정치 문제가 되자 시끌벅적하게 소란을 떨었지만 장사 이야기가 되자 묵묵부답. 아무것도 알고 있지 않으니까 모두 지배인이나 수행원에게 맡기고 발언을 하지 않는다.

그런데 신주(信州)의 사장들은 정치 이야기할 때는 잠자코 있더니 장사 이야기가 되자 신중히 토의를 시작한다.

다음에는 복장 이야기인데 아무래도 신주 상인답게 기모노(일본식 전통의상)를 입고 있었다. 이에 반해 동북의 사장들은 양복에 넥타이를 매고 가슴에 금시계 줄을 늘어뜨리고 아주 대실업가 같은 모습을 하고 있었다.

그 마음가짐이 이미 복장에 나타나 있다. 사업가는 신주상인처럼 복장도 검소하고 장사의 일을 잘 공부하고 경제의 일만을 말하지 않으면 대성할 수 없다.

정치 이야기에 관심을 갖고 본업인 장사는 부하에게 맡긴다. 이렇게 해서는 신주상인에게 쓰러져버리는 것은 당연하다.

그러니까 나는 이 이야기를 들었을 때, 아, 이래서는 동북의 제사공장은 쓰러진다고 예언했다. 당시로서는 아무도 그 말을 믿지 않았다. 또 오오꾸라의 허풍이 시작되었다고 하는 정도로밖에 받아들이지 않았다. 결과는 어떤가? 아는 대로 공장들이 전부 쓰러졌는데 모두 신주재벌에게 흡수당했다.

나는 이 "행주치마 정신"만은 잊지 않고 마음속에 지니고 있다. 어떤가? 내가 지금 입고 있는 것은 하가마로 보일 것이다. 앞에서 보면 하가마로 보이지만 실은 뒤가 없으니까 앞부분뿐이다. 즉 쇼꾸다식 행주치마라고 해도 좋다. 실용신안이라도 낼까?

양복도 전시 중에 입던 국민복을 개조한 것이다. 중국의 모택동이나 요인들이 입고 있던 것과 닮아 있을 것이다. 세상 녀석들은 오오꾸라식 옷이라고 부르고 있다. 돈이 있는데 어째서 좋은 넥타이와 옷을 입지 않을까 하고 비웃고 있는 녀석이 많은데 진짜 실업가 모습이 아니라 마음가짐이다.

"행주치마 정신"은 언제나 상인 정신에 철저 하라는 것이다.

"실패를 경험한 자의 말은
경청할 가치가 충분히 있다."

살아있는 눈을 갖고 산책을 읽어라.

소인(小人)은 한가하면 불선(不善)을 행하고
군자(君子)는 한가하면 선(善)을 쌓는다.

사업가는 사람 위에 서 있는 것이니까 군자가 되지 않으면
안 된다. 소인과는 다르다.

최선을 다 해서 노력해서 남들이 놀거나 잠자고 있을 때도
일사불란하게 공부하지 않으면 안 된다.

특히 지금처럼 움직임이 격렬한 시대에서는 사업가도 법률
지식과 세무 지식의 개요 정도는 몸에 지녀야 한다.

법률이란 상법은 물론, 민법, 노동법, 그리고 공해관계의 법
률 등 일련의 지식을 지니지 않으면 안 된다. 수표사기에 걸
려든 경우 법적으로 어떻게 조치할 것인가? 그 정도는 금방
조치할 수 있지 않으면 안 된다.

대개 법률이란 것은 학자들이 어려운 말을 사용해서 온갖 반죽을 해 놓았지만 아무것도 아닌 상식이라는 것이다. 어렵게 생각할 필요는 없다.

태양이 동쪽에서 올라 서쪽으로 진다. 이것을 상식이라고 한다. 이 상식이 법률인 것이다.

그러나 전문가는 전문가의 지식이 있으니까 세밀한 것은 이들을 활용하는 것이다. 나한테는 변호사 고문 상담역이 빈둥빈둥 놀고 있는 것도 그 때문이다.

좋은 고문을 갖지 않으면 손해를 보니까. 좋은 고문이란 어떤 고문일까? 말이 나왔으니까 가르쳐 준다.

좋은 고문이란 독약 든 쥐를 먹은 고양이가 아니면 안 된다. 법률이란 겉이 있으면 속도 있다. 천군만마(千軍萬馬)가 있어도 위험에 처해 있는 다리를 건너오지 않으면 응용할 수가 없다.

공부의 기본적인 방법은 살아있는 눈을 갖고 살아있는 책을 읽는 것이다. 마음의 눈을 열고 보면 살아있는 책은 얼마든지 있다.

그렇다고 해서 책을 읽는 것만으로 능력이 생기는 것은 아니다. 나 같은 실패를 거듭해서 성공한 사람의 말을 자주 듣는 것. 이것을 귀 학문, 살아있는 학문이라고 한다.

실패를 경험한 자의 지혜는 경청할 가치가 있다. 한 마리의 고양이가 쥐를 잡기 위해서 수없이 실패를 거듭한 끝에서야 겨우 처음으로 쥐를 잡는 것과 같은 이치이다.

이 실패의 경험이라는 것이 실은 자연의 공부, 살아있는 학문이라는 것이다.

경영세미나에 나가서 쓸데없는 시간이나 돈을 사용하기 보다 나의 귀 학문을 듣는 편이 더욱 실용적일 것이다.

그런 면에서 이 책을 읽고 있는 여러분은 지금 좋은 공부를 하고 있다고 자부한다.

☺중요한 한 마디

불쾌감을 주는 말과 태도

본인은 느끼지 못하지만
언제나 확대경을 갖고 걸어다니며
남의 결점만 찾아 다니는 사람이 있다.
　　　　　<죤 워너메이커>

잘못된 겸손은 있다.
그러나 잘못된 방만은 없다.
　　　　　<르나르의 일기 중에서>

제 3 장

사업가가 되려면 술과 여자를 기억하라

"술은 본래 바보가 되기 위해 마시는 것이다,
일시적인 바보의 행복을 누리기 위하여
술을 마시는 것이다."

술을 마시지 않는 녀석은 사람이 작아 보인다.

사업가라는 것은 술과 여자를 알지 못하면 대성할 수 없는 것이다.

술에 대해서 이야기하자. 술이라는 것은 본래 바보가 되기 위하여 마시는 것이다. 세상에서 바보만큼 행복한 것은 없다. 불알을 내놓고 싱글싱글 웃으면서 길거리를 걸어가고 있다. 무엇을 먹어도 태평하다. 이상하게 몸을 망치지 않는다. 세상에서 뭐라고 말해도 느낌이 없으니까 부끄러워하지 않는다. 돈을 줄 테니까 저 바보 흉내를 내 보라고 하여도 착실한 녀석은 하는 자가 없다.

그런데 그 착실한 녀석이 술을 마시고 취하면 바보와 똑같은 짓을 태평하게 하는 녀석이 생긴다. 그러니까 술은 느낌이 다른 물이라고 하는 것이다. 바른 정신으로는 할 수 없는 짓을 술의 힘을 빌려서 "일시적 바보"가 되어 일을 한다. 일시적으로나마 바보의 행복을 누린다는 것이다.

바른 정신이란 것은 세상에 몸을 맡긴 정신이기 때문이다. 정신이란 것은 그만큼 신경을 사용하고 있다는 것이다. 신경을 사용한다는 것은 여러분들이 말하는 "스트레스"라는 것이다. 그 스트레스가 쌓이면 신경이 여위어 몸을 망가뜨린다.

그러면 좋은 생각도 떠오르지 않고 사람 위에 서서 부하를 부릴 수도 없다. 사업가라는 것은 온갖 신경을 써야 하는 것이다. 사원 쪽에서 보면 사장은 게으르고 편한 것처럼 보일지도 모르지만 머리 속에는 온갖 것을 생각하고 있다. 상당히 신경을 쓰고 있는 것이다. 그러니까 때로는 머리를 텅 비우고 휴식하지 않으면 안 된다.

그렇게 하기 위해서는 술의 힘을 빌리지 않으면 안 된다. 바둑, 장기나 마작처럼 머리를 사용하는 것은 안 된다. 기생이라도 앉히고 밝은 기분으로 소란을 피우는 술좌석 쪽이 좋다. 술도 마시지 않고 방귀도 뀌지 않고 머리의 전환이 들리지 않는 것 같은 돌부처는 커다란 인물이 될 수 없다.

술을 마시면 위궤양에 걸린다고 염려하지 말아라. 의사에게 물어 보라. 최근의 궤양은 술을 마시지 않는 녀석 쪽이 걸리기 쉬운 것이다. 즉 신경성 위궤양이다. 술의 탓이 아니다. 그런 염려를 하는 것이 본래 신경을 지나치게 사용한 것이다.

술은 체질적으로 맞지 않는다고 하는데 그런 것은 아니다. 어떤 일이나 연습이다. 바보를 마시는 것은 안 되지만 술을 즐기는 것은 누구라도 할 수 있는 것이다.

술도 마시지 못하는 남자는 사람이 작아 보인다.

"접대로 마실 때는 인색하게 굴지 말아라,
인색한 접대는
아무리 마셔도 접대 받은 기분이 들지 않는 법이다."

못된 술은 마시지 말아라.

상업거래 중 다른 사람한테 술을 대접받고 기분이 한껏 올라서 기뻐하고 있는 사업가가 있다. 바보 같은 녀석이다.

왜냐하면 술은 본래 기분을 달리하는 물로 사람을 일시적으로 바보로 만든다. 그러니까 상업거래 중 다른 사람에게 술을 마시게 하는 것은 상업 전략이기 때문이다. 상대를 일시적으로 바보로 만들어 그것을 이용하여 자신의 생각대로 만들려고 하는 속임수이다.

이것에 걸려들어 즐거워하고 있는 모양은 너무나 한심스러워 보인다. 못된 대접을 받고 있다고 생각하면 크게 빗나가지 않는다. 상대는 상업 전략을 위하여 대접하고 있는 것이니까 결국은 이쪽의 돈으로 마시고 있는 것과 똑같다.

상대의 계산에는 이쪽에서 마신 대금, 팁, 선물대, 거기에 접대 쪽에서 마신 대금까지 들어 있다. 상대의 경비이지만 그

대금은 언제 어떤 모양으로든 상대한테 흡수된다.

물품을 많이 샀으니까 간혹 대접을 받아도 된다고 생각한다. 못된 근성을 보여서는 대성할 수 없다. 이쪽의 돈으로 접대 받고 있는 것과 똑같지 않은가? 그런 느낌을 갖지 않고 "대접 잘 받았습니다."하고 예를 하는 녀석이 있는가?

나는 거래처의 초대는 일체 거절하고 있다. 연회라거나 해외여행의 초대가 있으면 "그 분만큼 현금으로 다오. 후의는 감사하다"고 말한다. 그렇지 않으면 그 분만큼 물품대를 깎아달라고 요구한다. 옛날부터 "이익은 원금에 있다."라고 했다. 어떻게 구입을 값싸게 할 것인가를 생각하지 않으면 사업가가 될 수 없다. 어쩔 수 없이 상대와 마시지 않으면 안 될 때는 비용을 반씩 낸다는 것을 따르고 있다. 소위 "다치 트릿"이다.

"쓸데없이 비싼 것은 없다."라는 말이 있지만 술이나 여자도 똑같다. 나쁜 술은 마시지 말아라. 비싸서 마신다는 것은 인간 아래의 아래다. 장사 상 유리하니까 오히려 이쪽에서 마셔라. 접대비가 들더라도 그것을 상회하는 이익이 있다면 술좌석 등은 값싼 것이다.

그러니까 접대로 마실 때는 인색하게 굴지 말아라. 인색한 접대는 아무리 마셔도 상대가 대접받은 기분이 들지 않는다. 그것이야말로 쓸데없는 짓이다. 다섯 사람의 손님을 접대한다면 아가씨를 하나나 둘 부르지 않고 한 사람에게 한 사람씩 붙여 준다. 상대가 코끝이 길어져서 바보가 되어 가는 것처럼 되어 가는 것이 접대로 마시는 방법이다. 호기 있는 접대 방식이 인상에 남고 그 분만큼 커다란 거래가 생긴다. 그것을 남의 것처럼 스스로 마셔서는 안 된다. 회사 돈이니까.

"여자를 알고, 여자를 찾아가는 것은
나무의 연륜과 같아서 어느 틈엔가
인간이 크게 되어 가는 것이다."

배꼽 아래는 인격이 없다.

여자를 모른다는 것도 사업가로서는 대성할 수 없다.

아내 이외의 여자는 모른다고 하는 것은 사업가로서 자랑이 되지 않는다. 진짜 사업가가 아니다. 정치가도 그렇다. 역사를 공부하면 잘 알 수 있는 이야기이다. 나라(奈良), 헤이안(平安)시대의 옛날부터 귀족, 그리고 전국 시대의 무장은 말할 것도 없이 에도(江戸)시대, 메이지(明治)유신에 이르기까지 영웅이라고 부르고, 정치가라고 부르고, 대 실업가라고 부르는 인물은 반드시 몇 사람인가 여자를 갖고 있다.

시대가 다르다고 말하고 싶을 것이다. 그런 일은 없다. 소화(昭和)에 들어오고도 역대의 총리대신을 보라. 재계의 입지전적인 인물을 보라. 나는 아까사끼, 신바시, 류바시(일본의 유곽이 있는 거리) 등에 가니까 잘 알고 있다. 신문기자들도 배꼽아래는 인격이 없다고 생각해서 쓰지 않을 뿐이다.

공자님도 말하고 있지 않은가. "도를 좋아하는 것은 색을 좋아하는 것과 같다" 그런 것을 모르면 도를 이룰 수 없다고. 공자님도 여자를 좋아했던 것이다. 그런 체험에서 여자와 놀고 있을 때의 정열을 갖고 공부나 사업에 몰두하면 대성할 수 있다고 말하고 있는 것이다.

남자와 여자의 관계를 교육위원 할머니가 말하는 것 같은 이론으로 알고 있는 사람은 없을 것이다. 어차피 이론을 말하는 할머니도 남자를 좋아하는 여자, 내지는 아버지를 갖고 있는 덕분에 여자로 태어난 것이 아닌가?

여자와 논다고 해도 젊을 때는 좋지만 나이를 먹으면 돈이 든다. 그 돈을 만들기 위해서라도 남자는 열심히 일해야 하는 것이다.

직접 여자와 노는 것이 목적이 아니더라도 "저 여자와 만나고 싶다" "저 여자에게 잘 보이고 싶다" "저 여자를 즐겁게 해주고 싶다" 그런 기분으로 움직이는 것은 "저 사업을 성공시키고 싶다"라는 욕망과 에너지가 같기 때문이다.

사업가의 꿈은 사치스러워서 이것으로 만족이다 라는 것이 없다. 여자도, 좋은 아내가 있다고 해서 그것으로 만족하지 않는다. 바람기라는 것은 아내가 있다고 하니까 바람기이지 아내가 없더라도 하는 참 기분이 되면 바람기가 아니다. 바람기라는 것은 그런 의미로 "사치스런 감정"이다.

그러니까 바람기가 하나도 생기지 않는 사내는 일에서도 현상유지가 고작이 아닐까?

아내는 "바람기는 남자의 긍지"라고 느끼게 해서 체념시키는 것이다. 돈도 든다, 시간도 든다. 사람 눈도 있다, 그런 속에서 남자와 여자의 만남이 인정의 기미로 덮여간다.

여자를 알고, 여자를 찾아가는 것은 나무의 연륜과 같아서 어느 틈엔가 인간이 크게 되어 가는 것이다. 이것만은 해 보지 않으면 이해할 수 없다.

그러나 지나치면 미치지 못함만 못하다. 여자의 그 도구에 빠져 버리면 살아남지 못한다.

▶───────────────

☺중요한 한 마디

술 자리에 대하여

술이 들어가면 비밀이 나온다.
<유태 격언>

술은 입을 가볍게 한다.
그래서 마음을 열게 한다.
이래서 술은 하나의 도덕적 성질,
즉 마음의 솔직함을 운반하는 물질이 된다.
<칸 트>

"서투른 여자보다 술장사하는 여자 쪽이 좋다.
고생하고 있는 여자가 아니면 남자가 닦여지지 않는다."

남자는 여자를 알아야 닦여진다.

나도 젊을 때부터 이 나이까지 여자 놀이는 많이 했다. 그러나 아직도 싫어하지 않는다. 나는 죽더라도 장례식은 하지 말아 달라고 부탁하고 있다.

최초로 여자를 안 것은 16세 때이다. 근처의 나쁜 친구들이 데려간 곳이 아가씨 집이었다. 싼값이었지만 그때는 가난한 시대라서 놀 돈도 없었다. 축제일이나 명절날 시골 아가씨를 속여서 절 뒤나 묘지에 데려가곤 했던 것이 고작이다. 재미있는 이야기가 있다.

어느 때 신사(神社) 뒤에서 소곤소곤 하고 있을 때 신주(神主-신사의 주지)에게 발견되었다.

"아니, 이것들이 너희들은 여기를 어디라고 생각하느냐? 여기는 신성한 경내이다."

사람은 누구라도 이럴 때 놀라게 된다. 놀라서 도망치는 것

74

이 보통인데 나는 이런 때는 더욱 침착해진다.

"특별히 나쁜 짓은 없었습니다. 신(神)을 위해서 일하고 있습니다."

"뭐야, 신을 위해서 일하고 있다고?"

"그렇습니다. 씨를 증식시키는 일을 하고 있었습니다."

"정말 말은 잘 하는구나. 그러나 저쪽에 펼쳐져 있는 것은 무엇이지? 신사에서 하는 일은 신을 경솔히 대하면 안 되지"

이것은 우스개 이야기이다. 이런 멋진 신주가 있다면 고생은 아니다. 밤놀이도 갔다. 상대는 이혼한 여자나 후처가 상대였다. 두 사람이 만나서 한사람이 끝날 때까지 기다리고 있었던 일도 있었다. 태평스럽던 시절이다.

돈을 벌면서 아가씨 집에서 술집 접대부, 기생, 여배우 등 손에 닿는 대로 차례로 놀았다. "쇼꾸다식 바람기" "쇼꾸다식 천인참(千人斬-천 명을 칼로 벤다)"이라고 불려지는 시절이다.

그렇게 생각해 보면 여자는 셀 수가 없다. 천성이다. 일생 중 한 사람이나 두 사람, 아내 이외의 여자와 마음을 허락해서 교제하고 있다면 남자는 행복하다. 서투른 여자보다 술장사하는 여자 쪽이 좋다. '돈이 없으면 친구도 없다'라고 헤어짐도 깨끗하지만 무엇보다 고생하고 있는 여자가 아니면 남자가 닦여지지 않는다.

가난하게 자란 히데요시는 귀족이나 상류계급의 아가씨를 동경해서 그런 여자를 자신의 첩으로 삼았는데 나 자신도 약간 닮은 점이 있다. 이에야쓰는 반대로 양가의 아가씨와 결혼해서 지긋지긋했기 때문인지 하급무사의 후처나 딸들에게 손을 뻗쳤다. 자란 환경에 따라 여자의 기호도 달라지는 것이다.

"남자에게 잘못해서는 돈이 나오지 않는다.
잡자고 싶어지고 자기 것으로 해두고 싶어져야 한다."

좋은 기생은 좋은 아내가 된다.

후꾸시마 대학에 니시다꾸(西澤)라는 학장이 있다. 어느 술 좌석에서 만났을 때이다.

"쇼꾸다 씨도 많은 여자를 갖고 있지만 나도 경도에 있을 때는 3사람의 기생을 갖고 있었던 적이 있어요."

이렇게 말했던 것이다. 대학 선생으로서 이상한 녀석이구나 하는 생각이 들어 이야기를 걸어 보았더니 문부성(文部省)에 들어가기 전에 교토(京都)의 상공회의소에서 전무이사를 한 적이 있는 듯하다. 교토라는 곳은 정치가나 재계인의 출입이 빈번하여서 갑자기 연회를 개최하려면 좋은 기생을 수배할 수가 없다. 그런 때 제각기 성실한 일류의 기생을 갖고 있지 않으면 체면이 서지 않는다. 찻집만으로는 통하지 않는 경우가 종종 있기 때문이다.

교토는 멋진 사람들의 공식, 비공식의 회합이 많다. 일류의 기생은 그런 사람들과 접할 기회가 많다. 그런 정보를 취하기 위해서도 뛰어난 기생을 사귀어 두지 않으면 안 된다.

그런 이유를 붙여서 놀았던 듯하다. 자신도 즐기고 잠자면서 정보도 취한다. 일석이조(一石二鳥)이다. 그러기 위해서 돈을 모은다. 충분히 돈도 썼을 것이다.

화류계에서는 "돈 떨어지면 친구도 떨어진다."라는 말이 있다. 박정한 것처럼 생각되지만 이 세계는 그렇게 하지 않으면 살아갈 수 없는 곳이다. 특히 기생의 경우에는.

기생이라는 것은 본래 한 가지 예능의 소유자이다. 장고, 거문고, 춤, 노래 등 자리의 예술가라고 해도 좋다. 요즘처럼 예능도 없고, 술시중 방법도 모르는 여자라도 자리에 함께 앉으면 기생이라고 불러대서는 진짜 기생들이 불쌍하다.

일류 기생이 되면 될수록 어떤 한 곳에서 일하는 것만으로는 생활할 수가 없다. 옷도 잘 입어야 하고 재능을 배우는데도 돈이 든다. 나가는 요정만으로 의리를 지키는 직업이다. 물론 동쪽이든, 서쪽이든 출연하게 되면 막대한 돈을 벌 수 있다. 그러나 의리를 지키는 직업인지라 서방이나 후원자가 없으면 살아갈 수 없는 구조로 되어 있다.

남자에게 잘못해서는 돈이 나오지 않는다. 잠자고 싶어지고 자기 것으로 해두고 싶어져야 한다. 돈이 수반되지 않으면 그녀는 명성을 유지할 수 없게 된다. 그런 여자는 그런 만큼의 노림이 있는 것이다. 나도 온갖 여자와 놀았지만 결국은 화류계에서 제일이라고 부르는 여자가 제일 좋았다. 가정에 들어와도 제일 좋은 여자가 되는 여자이다. 내가 아내를 잃고 나서 얻은 지금의 아내가 그런 것은 여러분도 잘 알 것이다.

"철저한 기생은 입이 무겁다.
의사, 신문기자, 기생, 이 셋은
남의 비밀을 캐는 것이 직업이다."

하녀는 참새이다.

내가 후꾸시마 교통의 중역이 되었을 때의 일이다. 날마다 아침에 술을 마시고 회사에 나가기도 하고 첩도 당시 몇 사람 갖고 있었다.

다른 중역들은 그것이 못마땅했던 것 같다. 얼굴을 마주해서는 아무 말도 못하고 밤이 되면 여기저기 요정에 모여서 기생이나 하녀가 있는 앞에서 늘어앉아 내 악담을 늘어놓은 듯하다. 그것이 곧 내 귀에 들어왔다.

후꾸시마에도 아까사까에도 주요한 기생이나 요정의 하녀는 이미 손을 써 두었던 것이 몇 사람 있었기 때문에 이야기는 금방 들어왔다. 누가 어떤 악담을 말했는지 손에 잡히듯이 정보가 들어왔다. 전혀 쓸모 없는 녀석들이다.

술이나 여자는 개인적인 일로 별로 회사의 돈을 사용하지 않고 있다. 일은 힘껏 하고 있어 뒤에서 손가락질 받을 짓은

78

하나도 없다. 정보를 취할 수 있을 만큼 취한 어느 날 아침 평상시처럼 한 컵의 술을 마시고 회사에 나갔다.

"중대한 이야기가 있으니까 간부사원, 중역은 모두 회의실로 모여 달라."고 전달했다.

무슨 일인가 하고 모여 왔다.

"모두에게 알리고 싶은 일이 있다. 중역이라는 것은 무거울 중(重), 힘쓸 역(役)이라고 쓴다. 회사의 중요한 문제를 처리하는 역할이다. 주변의 잡어(雜魚)들과는 다르다. 따라서 술을 마시거나 첩을 갖고 있는 것은 회사의 중요한 일을 수행하는 한 허락받을 수 있는 일이다.

간계(奸計)를 쓰거나 힘을 갖고 중요임무를 수행한다. 그 때문에 회사의 업적이 올라간다면 그것이야말로 칭찬 받을 일이지 비난받을 일은 아니다. 첩도 그렇다. 그것에 의해서 내일의 활력을 키우고 더욱 일에 정력을 쏟는다면 그것이 제일 좋은 것이 아닐까?

그러나 그렇다고 해서 누구나 좋다는 것은 아니다. 자격이 있다. 나 같은 중역에 한한다. 즉 이 회사의 주식 50% 이상을 갖고 있고 일은 보통 사람의 3배 이상 하는 중역에 한한다."

이렇게 말하자 모두들 물 끼얹은 듯 조용해졌다. 줄지어 있던 중역들의 안색도 바뀌었다.

요리 집에서 이야기하고 있던 무리는 내가 주식의 50%를 갖고 있다는 것을 모르고 악담을 늘어놓았기 때문이다. 황급히 총무가 조사해 보니 틀림없었기 때문에 두 번 놀랐다고 한다.

요정에 가서 기생이나 하녀를 상대로 다른 사람을 비난하거

나 악담을 하거나 하는 짓은 꼼꼼히 사람을 보고하지 않으면
안 된다.

철저한 기생은 입이 무겁다. 의사, 신문기자, 기생, 이 셋은
사람의 비밀을 캐는 것이 일이다. 입이 무거운 것이 철칙이다.
그러나 하녀는 그렇지 않다. 참새이다. 참새를 마음에 두지 않
으면 안 된다.

언제나 아무렇지도 않게 생각한 사소한 곳에서 비밀이 새어
나가는 법이다.

───────────────

☺중요한 한 마디

남자와 여자, 베스트 파트너가 되기 위하여

"사랑하고 있으니까 아무 말도 하지 않아도
내 기분을 알고 있어야 한다"거나,
"그의 말을 내가 제일 잘 이해해 준다"고
생각하는 것은 잘못이다.
남자와 여자는 제각각 다른 땅에서 찾아온
에이리언이라고 생각하고 대화하는 것이
두 사람의 **관계**가 훨씬 좋아지는 것이다.
<존 글레이>

"손님의 복장, 넥타이 등
무엇이든 하나만 집어서 칭찬을 한다.
그러면 손님은 상대에게 호감을 갖는다"

팁을 주는 마음가짐이 중요하다.

신바시(新橋)의 어떤 요정의 주인에게 들은 이야기이다. 하녀들의 태도가 좋았기 때문에 어떤 교육을 하고 있는가 하고 물었더니,

"특별히 어려운 것은 시키지 않습니다. 손님을 보면 무엇이든 하나는 칭찬해줄 것. 또 하나는 손님에게 간단한 질문을 할 것. 이 두 가지를 가르칠 뿐입니다."

손님의 복장, 넥타이, 팔목시계, 무엇이라도 좋으니까 하나만 집어서 칭찬하면 손님은 상대에게 호감을 갖는다. 질문도 어려운 것은 묻지 않는다. "난 회진반제산(會津磐梯山)이라는 창(唱)은 아는데 본 일이 없어요. 회진반제산이 좋습니까?"

예를 들면 이렇게 묻는다. 그러면 후꾸시마 현에 사는 사람이라면 자신 있게 해설한다. "진짜 오면 전화를 걸어 줘" 손님 쪽도 악의 없이 속셈이 있으니까 기분이 붕붕 뜬다. 결국 느

낌이 좋은 여자라는 기분이 된다. 얼굴이 좋든 나쁘든 가리지 않고 친근감을 품는다. 과연 사람을 다루는 장사 속의 일이다.

남자도 이것을 반대로 사용하면 좋다. 남자나 여자나 똑같다. 칭찬 받거나 말을 걸거나 하면 나쁜 기분이 들지 않는다. 모르는 여자라면 거기까지로 충분하다.

그러나 화류계에서 일하는 여자는 기생이든, 하녀이든 그것만으로는 되지 않는다. 때로는 팁을 받는 것이다. 이 세계의 여자와 사귀어서 좋은 남자가 되기 위해서는 역시 얼마간의 몸값을 아껴서는 못쓴다.

이 세상에서 일하고 있는 여성들은 기생이든, 하녀이든, 무슨 사정이 있어서 일하는 사람들이다. 결코 급료만으로 살아갈 수 없는 괴로움을 갖고 있다. 천 엔, 2천 엔의 작은 팁을 받아도 고맙다.

그것을, 어차피 접대하는 사람이 줄 테니까, 늦었지만 장사가 아닌가? 상좌에 앉아있는 초대 손님이니까 관계없다……. 그런 생각으로는 대성할 수 없다. 술버릇이 나쁜 손님을 멋지게 상대해 주었을 때, 노래나 거문고를 잘 탔을 때, 때로는 주방장, 맴버에게도 축의를 보낸다. 이렇게 베푸는 게 없으면 아무리 칭찬해도 그것뿐이다. 마침 돈이 없으면, 혹은 사람수가 많은 경우 계산서에 얹어서 주어도 좋다. 어리석은 짓 같지만 결코 이것은 어리석은 짓이 아니다.

화류계에서 평판이 나쁜 것은 옛날부터 세무서와 경찰과 학교의 선생이다. 술버릇은 나쁘고 팁도 주지 않으면서 위세만 부리기 때문이다. 여러분들은 실업의 세계에서 대성하려고 하면 이 정도의 일은 기억해 두어도 좋다.

"여자와 노는 것도 좋지만 책임지지 않으면 안 된다.
여자는 남자에 따라서 그 운명이 결정되는 것이다."

잡은 물고기도 먹이를 주어라

오늘 여러분에게 들려줄 것은 이것밖에는 없다. 여러분의 마을에 "만요시"라는 요정이 있다. 옛날 이야기이지만 거기에는 내가 스무 살일 때 세상이 떠들썩했던 여자가 있다.

나이가 나보다 두 살 위였으니까 지금은 72살일 것이다. 출신지는 신사(新潟)이고 그 뒤에 미택(米澤)으로 갔다고 들었지만 그 소식은 알 수가 없다.

미택에 갔다고 들은 것은 이것도 꽤 오래된 이야기이지만 미택에서 나한테 쇠고기를 보내온 적이 있다. 편지도 첨부해 있었다.

어쨌든 지금은 죽은 아내가 건재해 있을 때니까 편지는 불태우고 소포에 써 있는 부분도 태워서 그렇게 되어 버렸다. 나의 여자 버릇이 나쁜 것은 유명했으니까 아내가 질투를 느껴서 그렇게 했던 것이다.

쇠고기를 보내온 것을 시효가 지나고 나서 가르쳐 주었기 때문에 하는 수 없었다.

최근에 이 여자의 일이 생각난다. 뭔가 답례를 해주고 싶기 때문이다. 스무 살 때 나는 가난했으므로 위쪽도 아래쪽도 도움을 받고 있었기 때문에 무엇하나 사줄 수 없었다.

그 당시인데 여자 쪽에서 때로는 돈까지 내준 일조차 있었다. 나에게 빠져 있었으니까 그런 것이지만 지금 생각하면 귀여워서 그런 것이 아닐까?

그 뒤 여러 여자와 놀았지만 뒤는 무슨 형태이든 예를 하고 있다. 그 때 할 수 없었어도 소재를 알고 있는 여자에게는 보답해 줄 예정이다.

하지만 이 여자만은 소재도 모르고 아무 것도 해주지 못한 채 오늘에 이르고 말았다. 들은 바에 의하면 "만요시"의 늙은 이도 꽤 나이가 들었다고 한다. 언제 죽을지 모른다. 이 여자를 잘 알고 있는 것은 이 늙은이밖에 없으니까 지금쯤 조사해 보고 싶은 것이다.

여자와 노는 것도 좋지만 책임지지 않으면 안 된다. 여자는 남자에 따라서 그 운명이 결정되는 것이다. 생각해 보면 불쌍한 존재다. 세상에는 물고기를 잡을 때까지는 먹이를 주지만 잡으면 주지 않는다는 말이 있다. 먹이를 주지 않을 뿐만 아니라 그 물고기를 먹어 버리는 녀석이 있다. 아니 그 쪽이 많은 것이 아닐까? 그렇게 무책임해서는 안 된다. 어쨌든 대성하려고 하는 자는 여자 같은 약한 자를 울려서는 안 된다.

잡은 물고기에도 먹이를 주어라.

제 4 장

어려운 일이 닥치면 기뻐하라

"나쁜 일과 선한 일은 산과 계곡의 관계와 같다.
계곡이 깊으면 산이 높다.
나쁜 것은 좋은 것이 올 징조이다."

화를 바꾸어서 복으로 만드는 의지

전날 참의원 의장인 오모무네유미쓰(重宗雄三) 부부가 나란히 자택까지 병 문안을 하러 와 주었다. 오모무네 군이란 옛부터 아는 사이다. 나, 너의 사이인 것이다. 그 때의 병 문안 위문품이 이 상아로 만든 관음상이다.

오모무네 군은 이 관음상을 나에게 꺼내면서 "어이, 자네 아무리 전과 같은 무 신앙의 남자라도 살아가는 동안에는 곤란한 일이 있을 것이다. 그 곤란한 때에는 이 관음상을 바라보아라. 이익은 어쨌든 마음이 평안해질 것이다" 라는 것이다.

그래서 나는 "그렇다면 그 관음상을 사용할 수 없다. 갖고 돌아가라." 하고 말했다.

오모무네 군은 놀라서 "왜 그런가?"하고 물었다.

"나는 곤란한 일이 없는 인간이다"라고 말해 주었다.

그러자 오모무네 군은 멀쑥해서 "이 완고자. 곤란한 일이 없는 인간이 이 세상에 있을 수 있는가?" 하고 힐책했던 것이다. 그래서 나는 설명해 주었다.

"정말 나도 살아있는 인간이다. 살아있는 한 곤란한 일도 있다. 그러나 나의 경우 처음에 곤란한 일이 일어나면 언제나 나중에 좋은 결과가 되어 있었다. 10의 곤란한 일이 일어나면 100의 좋은 일이 돌아오니까 제하면 90의 좋은 결과가 남기 때문에 곤란한 일이 없다고 말한 것이다."

곤란한 일과 나쁜 일이 일어나면 나는 그 때 이렇게 생각한다. 눈앞이 캄캄해진 것처럼 느낀다. 그러나 그 때마다 '곤란한 일, 나쁜 일이란 좋게 될 징조이다' 하고 스스로 강한 말을 들려줘 확신을 시키는 것이다.

본래 선악은 표리의 관계에 있다. 나쁜 일과 선한 일이란 바로 손바닥과 손등의 관계, 산과 계곡의 관계라고 보아도 좋다. 계곡이 깊으면 산이 높다.

산이 높으면 계곡이 깊다. 이 관계를 나는 체험을 통해서 잘 알고 있다. 그러니까 나는 놀라지 않는다. 계속 대책을 생각한다. 그렇게 하면 희미하기는 하지만 빛이 보여 온다. 용기도 샘솟아 올라온다. 나중에는 밀어붙이는 한 수다.

저 방법 이 방법을 생각해서 실행에 옮겨가는 동안에 정신을 차리면 오히려 좋은 일이 차례차례 나오기 시작한다. 어째서 이런 일에 빨리 정신을 차리지 않았을까 하고 생각하게 된다.

"화(禍)를 바꾸어서 복(福)으로 한다"라는 격언대로의 생활방식을 찾아왔다. 이것은 강한 의지가 없으면 어지간히 행할 수 없는 것이다. 나쁜 것은 좋은 것이 올 징조이다. 그러니까 곤란한 일이 있으면 나는 반대로 기뻐한다.

오모무네 군도 약간은 감탄했다. 그렇게 해서 동경에서 가
져 온 관음상이다. 신앙의 대상이 아니라 미술품으로서, 장식
품으로서 두어 달라고 해서 나도 고맙게 받아두었던 것이다.

곤란한 일이 있으면 기뻐하라. 이것이 나의 생활방식이다.

▶─────────────

☺중요한 한 마디

상대는 뜻밖의 일로 기분을 해친다.

자신을 과대 평가하는 사람은
타인을 과소 평가한다.
그리고 다른 사람을 과소 평가하는 사람은
다른 사람을 태평하게 학대한다.
　　　　　<존슨 박사 설교집>

자네와 함께 험담을 하는 사람은
자네의 험담도 할 것이다.
　　　　　<스페인 속담>

"뜻과 같이 일이 잘 되지 않은 것을 실패라고 한다면
그런 적은 많이 있었습니다,
그러나 나는 그것을 실패라고 생각하지 않습니다,"

"인생에 실패는 없습니다,"

나는 곤란한 일이 없다고 말해서 오모무네 의장을 놀라게 한 일은 앞에서 이야기하였다.

그리고 나서 잠시 뒤 오모무네 군과 동경에서 만날 기회가 있었다. 오모무네 군은 나의 얼굴을 보자,

"쇼꾸다 군, 전날은 좋은 이야기를 들었다. 자네와 똑같은 상고방식을 갖고 있는 사람이 있다. 저 유명한 마쓰시다 씨다. 내가 직접 들은 것은 아니지만 저 사람이 마쓰시다 씨에게 '당신이 실패했을 때 어떤 조치를 취합니까?'하고 질문했던 것 같다.

그러자 마쓰시다 씨는 조용히 '나는 실패한 적이 없습니다.' 하고 확실히 대답했기 때문에 일동이 놀랬던 것 같다.

마쓰시다 씨는 '뜻과 같이 일이 잘 되지 않았다는 것을 실패라고 한다면 그것은 지금까지 많이 있었습니다. 그러나 나

는 그것을 실패라고 생각하지 않습니다. 나는 언제나 그런 상태가 일어날 때는 장래를 위하여 좋은 일이다. 화를 바꾸어서 복으로 한다 다시 올 수 없는 좋은 기회라고 생각해서 사후처리를 강구해 왔습니다' 하고 대답했다고 한다.

쇼꾸다 군과 사고방식이 똑같지 않은가? 하나의 업을 달성한 사람은 확실히 마음가짐이 다르다고 생각해서 감탄했어요." 하고 진지하게 칭찬해 주었다.

특별히 학문으로 배운 것은 아니고 어릴 때부터 빈곤 속에서 자라 노력에 노력을 거듭한 사고방식에서 터득한 불요불굴의 정신이 자연히 그렇게 생각하게 되었을 뿐이다.

그러니까 나의 인생관, 사업관의 기둥은 말하자면 "인간지사 새옹지마(人間之事 塞翁之馬)"라는 것이다.

이 이야기는 여러분도 잘 알고 있을 것이다.

옛날 중국의 새(塞)라고 하니까 북쪽의 변경의 성(城), 즉 요새의 어떤 곳에 한 할아버지가 살고 있었다. 그 할아버지는 한 마리의 말을 기르고 있었다.

그런데 어느 날 그 말이 오랑캐 나라로 도망쳐 버렸다. 이웃 사람들은 "할아버지 얼마나 낙담이 되시겠습니까?"하고 위로했다. 할아버지는 태평한 얼굴로 "아니, 낙담할 일이 아닙니다. 곧 좋은 일이 있을 것입니다."하고 태평하게 대답했다.

잠시 지나자 할아버지의 예언대로 도망쳤던 말이 오랑캐 나라의 멋진 말을 한 마리 데리고 돌아왔다. 이웃사람들은 "할아버지, 잘 되었네요."하고 기쁜 말을 건넸더니 다시 그 할아버지는 "특별히 기뻐할 일도 없어요, 오히려 나쁜 일일지도 모르지요."하고 대답했다.

과연 할아버지의 한 아들이 말을 타고 놀러 갔다가 말에서 떨어져 절름발이가 되어 버렸다. 이웃 사람들은 "참 안 됐다"고 말했지만 할아버지는 "그러나 좋은 일이 있을 거야"하고 다시 태평하게 말했다고 한다.

그런 가운데 오랑캐 나라와 전쟁이 시작되어 마을의 젊은이들은 모두 끌려가 거의 전사했지만 할아버지의 아들은 절름발이가 되어 무사하였다.

요컨대 "화복(禍福)이란 끊임없이 반복하여 나타나는 것"이란 뜻이다.

▶─────────────────

☺중요한 한 마디

인간 관계가 좋은 사람은 일도 잘 한다.

자신을 속이는 것은 쉽지만
상사를 속이기는 어렵다.
동료를 속이는 것도 곤란하지만
부하를 속이는 것은
거의 불가능하다.

<세이어>

"세상에 쓸모 없는 것은 하나도 없다,
요는 그런 생각을 갖고 있느냐 하는 것이 문제이다."

채여서 돌아오는 인과응보

인간은 누구라도 고양이의 시체를 보면 싫어할 것이다. 그러나 이 시체조차 정말로 도움이 된다. 이 시체를 뽕나무 뿌리 부근에 묻으면 이윽고 썩어서 뽕나무에게 좋은 비료가 된다.

도둑도 결코 쓸모 없는 존재는 아니다. 도둑이 이 세상에서 뿌리가 뽑히지 않은 한 경찰관이나 형무소의 간수도 월급을 받게 된다는 것이다.

걸인도 그렇다. 걸인이 오면 "저기를 봐라. 공부도 하지 않고 일도 하지 않으면 저런 사람처럼 걸인이 되는 것이다. 그러니까 공부를 열심히 하지 않으면 안 된다."고 자식들의 교육의 재료가 된다.

세상에 쓸모 없는 것은 하나도 없다. 요는 그런 사고방식을 갖고 있는가 어떤가 하는 것이다.

예를 들면 요리 집의 여자에게 빠져서 통했다고 치자. 그리고 채였다고 가정하자. 그 순간은 언짢은 기분이 들겠지만 그것을 꾹 참고서 좋다 좋아하고 사물을 생각하는 것처럼 고쳐 생각하여 "채여서 돌아오는 인과응보….."하고 콧노래라도 한 번 불러 보는 것이다. 그렇게 하면 채인 것으로 잘 된 일이 차례차례 떠오를 것이다.

1. 채인 덕택에 쓸데없이 돈을 쓰지 않게 되었다.
1. 채인 덕택에 이상한 병에 걸리지 않게 되었다.
1. 채인 덕택에 바람기가 멎었다.
1. 채인 덕택에 회사에 게으름 피지 않게 되었다.
1. 채인 덕택에 좀더 좋은 여자를 만날지도 모른다.

많이 있을 것이다. 나쁘다고 생각했던 일이 좋은 일만 되어서 돌아온다. 끙끙거리지 않고 또 세상이 즐겁게 되어서 온다. 이런 사고방식을 가져야 하는 것이다. 곤란한 일이나 나쁜 일이 일어나도 이런 사고방식을 갖고 있으면 언제나 태평하게 세상을 대처할 수 있다. 태평해지면 무한히 좋은 지혜가 솟아난다.

옛날 사람은 "사랑과 소망은 자주 바뀐다"라고 말했다. 사랑이나 소원도 반드시 잘 된다고 믿고, 설혹 도중에 온갖 일이 일어나도 나중에는 잘 될 거라고 생각하면 결과는 역시 잘 되는 것이라고 가르치는 것이리라.

어쨌든 사물은 생각 대로이다. 언제나 전향적으로 기분 좋도록 생각해 가는 것이 중요하다.

"나에게 오늘이 있는 것은 아내가 나를 미워해 준 덕이다.
나는 그 때의 마음을 잊지 않기 위해서
아내의 그림을 내 방에 걸어두고 있는 것이다."

미워해 준 아내에게 감사한다.

 아사까곤사이(安積良齊)라는 인물을 알고 있는가? 군산에서 태어난 막말(幕末)의 유명한 한학자이다. 장군의 학문소(學文所)인 창평횡(昌平黌)의 교수였으니까 지금이라면 동경대(東京大) 교수쯤 되는 지위일 것이다.

 곤사이라는 곤(良)이라는 자는 뿌리 근자에서 목편을 뗀 자로 동북 사람이라는 뜻이고 사이(齊)는 은사인 에도(江戶) 제일의 학자였던 사또 잇사이(佐藤一齊)의 문하생이라는 뜻에서 선생의 한자를 따서 곤사이라고 불렀다. 본명은 야스도유스케(安藤祐助)라고 한다.

 이 곤사이가 에도로 나간 이야기가 재미있다. 아내에게 채였기 때문이다. 곤사이는 16세 때 인근의 명문가의 딸과 엮어졌다. 상대는 마을에서도 평판 있는 아름다운 아가씨였던 것 같다. 그런데 곤사이는 정반대로 추남이었고 더구나 학문만 좋아할 때였다. 일도 변변히 할 줄 모르고 책만 읽고 있었기 때문에 완전히 아내에게 미움을 받아 버렸다. 결국 쫓겨나게 되었다. 곤사이는 어차피 공부하려면 에도에서 공부하려고 콩을 자루에 가득 담아서 그것을 먹으면서 에도로 올라갔다. 그곳에 올라가 "곤사이 콩"이라고 이름 붙이고 군산의 백옥에서 팔고 있었는데 이것은 장사로 이용하고 있었을 뿐 진짜 일은 아니다.

곤사이는 에도에서 성공하여 자신의 일가를 세웠을 때 벽에 한 폭의 미인화를 장식해 두었다. 손님들이나 제자들이 그것을 묻자,

"나를 쫓아낸 헤어진 아내에 대한 그리움 때문에 그린 것이다. 나는 보듯이 추남으로 일도 잘 할 줄 모르고 책만 읽고 있었던 나쁜 남편이었다. 아내에게 쫓겨난 것도 당연한 것이다. 나에게 오늘날이 있는 것도 생각해 보면 저 아름다운 아내가 미워한 덕택이었다. 나는 아내에게 진심으로 감사하고 있다.

그리고 군산에 나왔을 때 에도에서 공부해서 일본 제일의 학자가 되겠다고 결심했다. 그 첫 마음을 잊지 않기 위하여 아내의 그림을 그려서 장식해 두고 매일 밤 나 자신을 채찍질하고 있는 것이다."

이렇게 대답했다.

어떤가? 인간은 아무리 나쁜 일이 일어나도 "화가 바뀌어서 복이 된다"는 이런 사고방식을 갖고 있지 않으면 안 된다는 것을 이 이야기는 잘 가르쳐 주고 있는 것이 아닐까?

"어려운 문제가 산적해서
아무리 생각해도 묘안이 떠오르지 않을 때는
술을 먹고 자 버려라."

"기우"로는 길이 열리지 않는다.

"쏟아진 물은 주워 담을 수 없다"라는 속담이 있다. 쏟아진
물을 놀라서 재빨리 주워 담아도 원래대로는 되지 않는다. 원
의는 한 번 일어난 일은 후회해도 하는 수 없다라는 뜻이다.
다시 잘해 보겠다고 생각하는 편이 났다. 끙끙거리고 있는 편
이 손해이다라는 뜻이리라. 그리스도는 "하루 일은 하루로 족
하다"라고 말하고 있다.

즉 하루주의자이다.

오늘 일은 오늘 전력을 투구해서 한다. 어제 일까지 끙끙거
려서는 오늘 일을 위하여 전력투구할 수가 없다. 마찬가지로
내일 일까지 끙끙거리고 있는 것도 바람직하지 못하다.

"기우(杞憂)"라는 말을 알고 있는가? "기인(杞人)의 우(憂)"라고
도 한다. 옛날 중국의 기(杞)나라 사람이 연중 염려만 하고 있
었다. 하늘이 떨어져 내리면 어떻게 할까. 땅이 무너지면 어떻

게 할까하는 식으로 오직 염려만 하고 창백한 얼굴을 하고 지내고 있었다. 현실에 존재하지 않는 것을 과장해서 염려하는 것을 기국 사람의 염려라고 하는 것이니까 쓸데없는 염려나 쓸모 없는 노력을 "기우"라고 하는 것이 된다.

쓸모 없는 노력은 적어도 도움이 되지 않는 노력이다.

언제나 말하지만 불행이라는 것은 행복의 원천인 것이다. 불행은 행복의 징조라고 생각해서 모두 밝은 기분으로 일에 종사하는 것이다. 길은 반드시 열리는 것이다.

어려운 문제가 산적해서 아무리 생각해도 타개책이 나오지 않을 때는 술을 먹고 자 버려라. 기생이라도 찾아서 양기를 팍 쏟아버리고 푹 자버리는 것이다. 시시한 생각을 하는 것보다 푹 쉬는 것이 낫다. 끙끙 앓아도 소용이 없다. 푹 자고 나면 아침에 머리가 깨끗해져서 좋은 방안이 떠오른다. 떠오르지 않으면 다시 그날 하루종일 열심히 생각하면 된다. 그렇게 하고 있는 동안에 반드시 길은 열려 온다. 그러니까 끙끙거리지 않는 것이다.

아이디어도 그럴 것이다. 뭔가 좋은 아이디어를 찾아내려고 아침부터 저녁까지 생각해도 좋은 아이디어가 떠오르는 것은 아니다. 화장실에 들어갔을 때나, 목욕탕에 들어갔을 때나, 여자를 품은 뒤라든가 아주 짧은 순간에 번쩍 좋은 생각이 떠올라오는 것이다. 그러니까 어려운 문제가 일어나면 당황하지 말고, 끙끙거리지 말고 이것은 좋은 공부라고 생각하는 것이다. 이것을 전기로 나의 인생은 좋은 방향으로 향하는 것이라고 생각해서 매일 매일을 노력할 것, 울고 싶을 때는 웃음으로 그친다. 그렇게 하면 길은 반드시 열리는 것이다.

"인간의 생명은 짧다,
그러나 사업은 영원하다,
영원한 사업을 구축하기 위해서 어떻게 해야 할까?"

깨달음은 산사(山寺)보다도 감방에서

내가 젊었을 때는 상당히 폭력이 많았기 때문에 닭 상자(유치장)에 들어가는 일도 여러 번 있었다. 혈기가 많은 시대였기 때문에 들어가도 반성하는 일은 거의 없었다.

그러나 작년 말부터 금년 정월에 걸쳐서 오랜만에 미결감방에 들어갔는데 좋은 수행이 되었다고 생각해서 감사한 심경이되었다. 역시 나이라는 것은 자연히 사고방식을 바꿔 가는 것이다. 나쁜 일이 있어도 그것을 반성하고 좋은 것으로 전환시키려고 하는 사고방식이 태어나기 때문이다. 사건의 일은 어떻든 이번에 감방에 들어가서는 일체 외부로부터 차입을 거절하고 모두 똑같은 감방의 음식을 먹기로 하였다.

아주 좋아하는 술은 물론 먹을 수 없고 그것은 각오한 일이상이니까 억지를 부리지 않고는 견딜 수 없었다. 즉 나 같은 제멋대로 된 녀석은 병원에 들어가서는 도저히 당뇨병을 고칠 수 없다. 숨어서 술을 마실 것이다. 그런 점, 감방은 용서치 않는다. 술을 끊고 당뇨병을 고칠 절호의 기회라고 생각했기 때문이다. 매일 매일이 너무나도 즐거웠다. 지금까지 해온 반생을 회생하거나 이제부터 앞으로의 일을 줄곧 생각하기 위해서는 감방은 산사보다도 훨씬 인간미 있는 수행장이다.

예를 들면 술에 대해서도 이렇게 깨닫는다. 내가 살아온 반생의 반려자 중 하나는 술이었다. 거래상의 술, 교제 술, 여자와의 술, 싸우고 나서 화해의 술, 맛좋은 술, 싫은 술, 괴로운 술--온갖 술을 마셔왔다. 술을 마시고 얻은 것도 많았지만 생각해 보면 그와 똑같을 정도로 실패나 손해를 본 것도 많았다. 결국 손과 득은 절반. 플러스 마이너스 제로라는 것이 되었다. 인간이란, 혹은 인생이란 중간 결산으로는 제로가 되는 것인지도 모른다. 문제는 이제부터의 결산이다. 죽을 때의 결산에서 플러스가 되기 위해서는 어떻게 하면 좋은가? 이것을 고려해야 한다고 생각한다.

인간의 생명은 짧다. 그러나 사업은 영원하다. 짧은 생명이지만 영원의 사업을 구축하고 남기기 위해서는 어떻게 하는 것이 좋은가? 그것은 덕(德)이다. 덕을 갖고 다스려야 한다는 마음이 들었다. 덕을 갖고 다스리지 않으면 영원성의 확보는 없다. 이제부터의 여생은 덕을 가질 것이다.

술로부터 이런 생각에 도달했으니 매일이 즐겁고 재출발의 날이 된다. 청년시절처럼 다시 가슴이 울렁거렸다.

"술 마시고 얻고, 술 마시고 손해, 술을 끊고 덕"

이것이 감방에서 얻은 나의 시구다. 어떤가, 나의 심경을 잘 알겠는가? 기념으로 돌비석이라도 새겨둘 예정이다.

"자네한테 명검을 빌려 달라고 하면 빌려주겠는가?
명검을 빌려줄 때는 대비책을 강구하고 빌려주어야 한다."

名劍
명검을 빌려 달라는 바보

인간이라는 것은 제멋대로이기 때문에 좋을 때는 자기 혼자 위대한 존재가 되지만 나쁠 때는 전혀 의기가 사라져 버리는 것이다.

"약한 개일수록 잘 짓는다."라는 말대로 사업에 실패라도 하면 모두 타인이나 사회의 탓으로 돌리고 첫 번째 원인이 자기에게 있다는 것을 잊어버린다. 당황하고 놀라서 충분한 대책을 세우지 않는다. 명예라든가, 지위라든가, 가문에 구애받아 벌거벗지 못한다.

인간은 누구라도 벌거벗고 태어난 것이니까 벌거벗고 솔직하면 되는데 그것을 할 수 없다. 지금 유행하는 "원점으로 돌아가서 재출발"이라는 것이다. 그런 자세, 그런 용기가 없다.

"곤란한 것은 좋은 일이다." "불행은 행복의 징조"라는 나의 신조를 이해하지 못한다.

전날 군산에서 옛날 신세를 졌던 어떤 철강회사의 아들이 울며 찾아왔다. 아버지한테서 물려받은 점포가 도산했는데 도움을 부탁한다는 것이었다.

물어보니 재건을 하기 위하여 은행의 신용이 중요하니까 은행의 차입금만은 아무래도 갚고 싶은데 어떻게 할 수 없다는 것이다.

그래서 나는 말해 주었다.

"뭐가 이제 와서 신용인가? 도산했는데 신용이고 나발이고 없다. 재출발하고 싶다면 한번 벌거벗어라. 은행의 차입금 등 신경 쓰지 말아라. 지불할 필요도 없다. 은행은 어차피 받은 것이다. 그 정도는 은행이 덮어써도 아무것도 아니다. 본래 너 같은 경영자에게 돈을 빌려준 은행 쪽이 나쁘다. 빌려준 은행이 책임이 있는 것이니까 은행이 책임지는 것은 당연하다."

아들 녀석 눈을 둥글게 뜨고 잘 납득이 안 가는 듯하다.

"자네는 세이소(正宗)의 명검이라는 것을 알고 있을 것이다. 명검을 보고 싶다고 말하면 보여주는 것은 괜찮다. 그것을 빌려달라고 하면 빌려줄 수 있는가? 박물관이 어딘가? 철저한 점에서 보험도 걸고, 책임자가 철저해서 안심할 수 있는 곳이라면 다르다. 아무것도 아닌 녀석에게 빌려줄까? 만일 빌려서 전당포에 가져가거나 그 칼로 야쿠샤의 출입으로 사람을 죽이는 일이라도 일어난다고 하자. 그런 일이 일어날 줄 몰랐다고 해도 행차 후의 나팔이다. 사람을 보지 않고 빌려준 쪽이 나쁘다. 그렇게 생각하지 않는가?

그런 것이다. 은행도 마찬가지이다. 너 같은 남자에게 빌려준 은행 쪽이 나쁘다. 즉 세이소의 명검을 빌려준 쪽이 나쁘다. 그렇게 생각하고 조치하는 것이다. 사람은 벌거벗을 때만큼 강할 때가 없다."

　겨우 이해하고 밝은 얼굴로 돌아갔다. 만사는 생각하기 나름이다. 더욱이나 곤란한 일이 일어났을 때에는.

▶ ─────────────────────

☺중요한 한 마디

현명하게 의견을 말하는 방법, 주장하는 방법

> 모든 의견을 말하는데
> 가장 중요한 것은
> 설명하는 상대가 자랑하려고 하는 점을
> 과장해서,
> 부끄러워하는 점을
> 모두 말하지 않도록 하는 말하는 방법을
> 지니는 것이다.
> 상대가 실수했다고 느끼는 것은
> 그 과실을 극언해서는 안 된다.
> 　　　　　　　<사마천의 사기열전>

"즐거움은 고통의 씨앗
고통은 즐거움의 씨앗이다."

알랑꾼 관리직 감별법

회사에 사건이 발생하고 비상사태가 되었다고 하자. 이때만큼 사람을 간파할 수 있는 절호의 기회는 없다. 사람이라는 것은 평온 무사할 때는 어지간히 꼬리를 내놓지 않는다. 호언장담을 하거나 아첨을 떨고 있기 때문이다.

그런데 일단 화재나 거래선의 도산, 커다란 교통사고, 회사를 빼앗기거나 국세청의 사찰 등 여러 가지 대 사건이나 비상사태가 발생하면 아무래도 그 인간의 본심이 나온다. 어벌쩡하게 넘기려 해도 금방 탄로가 나 버린다.

아무리 평소에 호언장담을 하고 있어도 담이 차지 않은 녀석은 일단 유사시에는 허리를 빼 버린다. 어벌쩡하게 술술 지껄여대며 멋지게 위장을 하고 있더라도 알랑거리는 관리직은 금방 책임을 타인에게 덮어씌우고 도망쳐 버린다.

사건이 발생해도 태평한 얼굴을 하고 싱글벙글하고 침착한 자가 있다면 그 녀석은 물건이 될 인물이다. 철저히 끝까지 살펴서 장래 중요한 포스트에 세우는 것이다.

사업가의 한쪽 팔이 된다는 것은 그런 인물이 되지 않으면 안 된다. 도망치거나 사직하는 자는 사직시켜라, 결코 잡지 말아라.

회사의 일대 사건이 있는 때이다. 침식을 잊고서 타개책에 분주하지 않으면 안될 때이다. 중요한 직책이니까 도망친다거나 허리를 빼서는 장래에도 충분히 일을 시킬 수가 없다. 염려, 아첨은 쓸데가 없다.

하늘로부터의 은혜다. 사람을 줄이고 사람을 뽑아낼 좋은 기회를 준 것이라고 감사해서 재빨리 사직시켜 버린다. 사직시키지 않더라도 얼굴이 파랗게 질려서 일을 손에 잡을 수 없는 녀석은 일이 해결되고 나서 사병으로 격하시켜라. 관리직 장교로서는 실격이다.

이런 부류의 인물은 사건이 해결되면 뻔뻔스럽게 머리를 들고 와서 자신은 전부터 이와 같은 일이 일어날 것을 예견하고 주의하고 있었다거나 자신의 의견을 물어주었다면 그렇게 되지 않았을 텐데 하고 궁리에 맞는 평론을 시작하는 것이 장기인 상대이다. 속여서는 안 된다.

사건의 발생은 불행한 것 같지만 생각하기에 따라서는 앞에서 말한 대로 사람을 간파할 수 있는 둘도 없는 기회이다. 사업가로서 정말로 신뢰할 수 있는 인물을 선정할 수 있는 좋은 기회이다.

사건이 일어나지 않고 건널 수는 없다. 그러나 사업을 하고 있으면 크든 작든 온갖 사건이 일어난다. 그것을 하나하나 해

결해나가는 일로 사업가로서 성공이 있다. 즐거움은 고통의
씨앗, 고통의 씨앗은 즐거움의 씨앗이다.

☺중요한 한 마디

"이 사람은 다르다"고 한눈으로 바뀌는 배려

너도 기억이 있을 것이다.
아주 사소한 배려로
얼마나 즐거웠는가?
사람이라면 누구라도 갖고 있는 허영심이
그 일로 얼마나 만족될 수 있었는가?
단지 그만한 일로
그 이후 그 사람에게 기울어지고
그 사람이 하는 일이 모두
모두 호의적으로 받아들이도록
되지 않았는가?
인간이란 그런 것이다.
<체스터 폴드의 "아버지가 아들에게">

"화재는 재난이지만
석유가 나오는 것이 확실하다.
석유는 반드시 나온다."

그 시절에는 재난을 만나는 것이 좋은 일

사업가라는 것은 누구라도 커다란 꿈을 갖는 자이지만 터무니없는 커다란 꿈을 실현시킨 남자로 감탄하는 것은 아라비아 타로라는 별명을 갖고 있는 야마시타 타로(山下太郎)이다. 일본의 재계가 넓다고 하더라도 저 정도로 배포가 있는 녀석은 모른다.

일본의 석유 위기를 구하는 것은 일본인의 손으로 아라비아에서 석유를 발굴하는 것이 제일이라고 아라비아에다 석유회사를 창립했다. 신문에서 이 기사를 보았을 때 나도 그 배포에 놀랐다. 의리로 관계한 녀석들도 내심은 오들오들 떨었음에 틀림없다. 사실 그 뒤 자금 면에서나 현지에서의 교섭, 개발작업 면에서도 때때로 위기가 찾아왔다. 그 곤란을 극복하고 마침내 지하 400미터 정도에서 유맥(油脈)이 있다는 낭보가 들어왔을 때 커다란 재난이 습격했다. 소화 34년 8월 3일이었다.

페르샤 만에서 일호 우물을 파서 500미터에 도달했을 때 가스층에 충돌해서 가스가 분출했다. 그 가스에 인화해서 금방 불이 맹렬하게 모선에 붙었다.

석유가 나오기 바로 직전에 생긴 일이었다. 야마시타 타로는 시시각각으로 들어오는 비보를 듣고 "화재는 재난이지만 이것으로 석유가 나오는 것이 확실하다. 재난은 문제가 아니다. 대학 입시에 합격하자마자 약간 감기가 든 것뿐이다. 석유는 나온다. 반드시 나온다." 하고 태평하게 말했다. 그러나 대사고는 그것으로 끝이 아니었다.

이번에는 배와는 달리 해안의 플래트 폼을 사용해서 개발 작업에 종사하고 있던 150톤의 커다란 크레인이 쓰러져 버렸다. 그런 저런 일로 자금도 바닥이 나서 당시 50억의 자본금을 100억으로 배를 증가해도 부족했다. 보통 사람이라면 여기서 손을 들어 버린다. 그러나 아라비아 타로의 화를 바꾸어서 복으로 한다는 신념은 조금도 바뀌지 않았다. 불굴의 노력을 기울여 마침내 다음 해인 소화 35년 1월 대망의 석유를 발굴했다.

커다란 사업이면 사업일수록 커다란 곤란이 기다리고 있는 것이다. "우물을 파려면 물이 나올 때까지 파라."라는 말이 있지만 마침내 석유를 파내는 곳까지 대사업을 성공시켜 버렸다. 대단한 남자다. 월후(越後)의 명승 료간(良寬)이 "재난을 만나는 시절은 재난을 만나는 것이 좋은 일, 죽을 시절에는 죽는 것이 좋은 일, 이것이야말로 재난을 벗어나는 좋은 일"이라고 말하고 있다. 만사 이 심정으로 일을 대하라.

"인간에게는 언제나 좋은 때와 나쁜 때가 있다.
그 때를 어떻게 이용하느냐에 따라
성공하느냐, 실패하느냐가 달려 있다."

운과 때를 타고 이겨라.

내 친구로 토목공사를 하고 있는 사장이 있다. 아무것도 모르면서도 역학에 빠져서 스스로 역(易)을 세워서 일에 참고로 하고 있다. 내 경우는 "맞아도 팔 괘 안 맞아도 팔 괘"라는 식으로 처음부터 바보라고 생각하고 있지만 그 친구의 경우는 상당히 도움이 되는 듯하다.

토목공사의 입찰에서 지명을 받으면 먼저 이 일을 해야 할 것인가, 거절해야 할 것인가, 받는다면 어떻게 하면 좋을까? 매일 아침 정신을 집중해서 스스로 역을 세우는 것 같다. 그러면 눈에 보이지 않는 세계의 불가사의함으로 입찰일이 오전이면 진다, 오후라면 낙찰할 수 있다는 괘가 나온다. 이 친구는 토목업자 가운데는 보스에 가까운 인물이니까 공무원이나 업자 사이에서도 어느 정도는 무리가 통한다. 그들은 입찰 시간이 오전이든, 오후이든 그다지 대수롭지 않기 때문에 "몸이 안 좋아서 오후로 해 주시겠습니까?"하고 부탁하면 뜻밖에 순순히 편의를 봐 준다. 그 결과는 역으로 보았던 대로 스스로 낙찰할 수 있다. 다른 업자에게 말한 일은 없지만 오늘날의 회사업적은 이 역의 덕택이라고 말해 주었다.

즉 나에게 말을 시킨다면 "때를 내 편으로 끌어들인다"는 것이리라.

승부사를 한 경험이 있는 녀석이라면 이해하겠지만 운(運)이라는 것이 있다. 젊을 때 화투놀이에서 모험을 해도 이 운이 얼마나 손해를 입히는지, 이득을 가져오는지를 알 수 있지 않은가? 운이 따르면 스스로도 놀랄 정도로 좋은 패가 찾아온다. 그 반대로 운이 나쁘면 아무리 좋은 패가 들어와도 져 버린다. 여러분도 경험이 있을 것이다.

인생에서나 사업에서도 이 운이라는 것은 있다. 그러니까 운이 있을 때는 그 운을 이용해서 점점 사업이 진척되는 것이다. 그리고 운이 없을 때는 계속 "때"가 올 때까지 기다리는 것이다.

인생에서도, 사업에서도 이 "때"가 해결하는 것이 많이 있다. 중요한 것은 모처럼 운이 찾아왔을 때 그 운을 지나쳐 버리는 것과 운이 없는데 무리하게 일을 감행해서 상처를 깊게 입어 버리는 일이다.

인간은 누구라도 좋은 때와 나쁜 때가 있다. 그것을 어떻게 처리하느냐에 따라서 성공과 실패가 결정된다고 말해도 지나친 말이 아니다. "기쁠 때 냉정, 실의에 빠졌을 때 태연"이라는 말은 그 때문이다. "때"라는 것에는 세금도 붙지 않고 수수료도 없다. 스스로 자기편으로 만들어 잘 상담해 갈 일이다.

제 5 장
젊을 때는 "야인 무사"처럼 살아라

가난한 아이들은 갖고싶은 것을 얻으려면
일과, 창의, 공부를 통해서 만들어 가질 수밖에 없다."

성공하는 사람은 빈민굴에서 태어난다.

메이지(明治) 28년 8월 18일, 나는 빈민굴에서 태어났다.

4살 때 아버지를 잃었다. 어머니가 33세, 형이 9세, 누나가 6세, 동생이 2세였다. 장난꾸러기 시절이었다. 어디를 가나 본명을 부른 적이 없고,

"야, 이놈아!" "야, 이 장난꾸러기야!"

둘 중의 하나였다. 스스로도 진짜 이름이 "이놈"이나 "장난꾸러기"라고 생각하고 자랐다.

11살 때 장님의 손을 끌고 구걸하러 다닌 적이 있다. 한 집, 한 집 문 앞에 서서 구걸을 하고 다니는 것이니까 소위 비럭질이다.

상대가 장님인 것을 이용해서 받은 돈이나 쌀을 조금씩 감춘 적이 있다. 그렇게 라도 하지 않으면 안될 정도로 빈곤의

나락에 빠져 있었던 것이다. 15세 때부터 지스러기 고치의 중매인의 무리에게 던져져 장사 길로 들어섰다. 그래도 공부를 좋아해서 겨울밤이 되면 이웃의 신주(신사의 주지)한테 찾아가서 논어를 배웠던 것이다.

최근에 이 신주가 떠난 자리에 앉아서 손자들이 놀고 있는 것을 보고 있으면 당시의 일이 떠올라 견딜 수 없다. 나이는 같더라도 나의 때와 지금의 손자들과는 하늘과 땅의 차이가 있다.

이름도 진짜 이름으로 불리고 있을 뿐만 아니라 오꾸라 댁 손자라고 해서 귀중한 대접을 받고 있다.

그것은 그것대로 좋지만 앞의 일을 생각해 보면 어쩐지 슬픈 생각이 가시지 않는다.

나는 요즘 성공하는 사람은 빈민굴에서 나올 수밖에 없지 않을까…자꾸만 그런 것을 생각하게 되었다.

가난한 사람의 아이들은 아무것도 없는 곳에서 자라기 때문에 갖고 싶은 것도 손에 넣을 수가 없다. 갖고 싶은 것은 스스로 일하고, 지혜, 창의(創意), 공부로 만들어내서 손에 넣을 수밖에 없다.

세상의 천시와 굴욕을 참고 "뭐야 해보자" 하는 불굴의 투쟁심이 길러져 그것이 성공의 원동력이 되어 간다. "젖 먹던 힘까지도"라는 말이 있지만 확실히 그 말 대로다. 인간에게 있어서 유아기의 인격형성 기간은 아주 중요하다.

우리 손자들은 지금 아무런 부자유함이 없다. 갖고 싶은 것은 오른쪽에서 왼쪽으로 손에 들어온다. 이것으로 좋은 것일까? 나는 귀엽다고 생각하지 않는다.

빈곤한 사람한테서 성공자가 나타나고 그 성공자를 정점으로 해서 다시 내려가거나 미끄러지거나 하여 빈곤한 생활이 이어진다. 그리고 또 다음의 성공자가 나타난다는 식으로 세상은 잘 순환해 가고 있는지도 모른다.

그 순환의 좋은 파장을 오래 갖는 방법은 단 하나. 귀여운 아이는 여행을 시키는 것이다. 젊을 때는 야생마처럼 난폭하거나 야인의 무사처럼 자유분방한 생활과 고생을 체험시켜야 한다.

▶━━━━━━━━━━━━━━━━━━

😊중요한 한 마디

교제하기 싫은 사람과 "무리 없는"교제 방법

인간이란 것은 위해를 가할 것이라고
생각하고 있던 사람한테서
은혜를 받으면
보통으로 받는 경우보다 훨씬
은혜를 느끼고
그 사람에게 깊은 호의를
품게 된다.
<마키아벨리 "군주론">

야생마는 난폭해도 길마를 떨어뜨릴 걱정은 없다.

나는 가까운 이웃에서도 평판이 포악한 늙은이였다. 나쁜 짓도 많이 했다. 어느 때 배가 고파서 과자 집의 팥이 든 큰 찹쌀떡을 훔쳤다가 주인에게 발각되어 호되게 야단맞은 적이 있었다.

"뭔가 먹고 싶으면 돈을 가져와라. 돈을 가져오면 팔겠다. 다만, 훔친 돈은 안 된다. 스스로 일해서 받은 돈이라야 한다. 알았나? 모두 돈이 탐나서 일하고 있는 것이다. 그 돈을 손에 넣기 위해서 얼마나 고생하고 있는지를 알아야 한다. 이제부터 그것을 가르쳐 주겠다."

그렇게 말하고 내 손을 끌고 뒤뜰로 데려 갔다. 그리고 소나무에 올라가게 했다.

"좋다. 올라갔으면 거기에서 가지 쪽에 매달려라. 그래그래. 다음은 한 손을 놓아봐라. 그렇다. 꼭 잡아라. 이번에는 새끼

116

손가락을 떼어봐라. 좋다. 다음은 약지다. 그 다음에는 가운데 손가락이다."

"안 돼! 떨어져요."

"바보! 그 정도도 참을성이 없는가? 지금 네가 잡고 있는 엄지와 검지의 모양이 뭔가? 3각이 아니고 동그라미다. 돈의 모양이다. 철저히 잡고 있지 않으면 돈은 금방 없어져 버린다. 어떤가? 돈을 잡아 두는 것이 얼마나 힘든지 알 수 있겠지? 다른 사람의 물건을 훔치지 않고 스스로 노력해서 돈을 모으고 그것으로 좋아하는 것을 사는 것이다."

학교 선생님 대신에 이 과자집 주인의 설교는 몸에 스며들었다. 내가 현재 동북의 소득 랭킹에 오르게 된 것도 그 동기는 이 주인의 설교에서 분발한 것이기 때문이다.

그때부터 나는 덮어놓고 일하고, 난폭했다. 어쨌든 나는 벌거벗은 말(야생마)이다. 아무리 난폭해도 길마(짐을 싣거나 사람이 탈 때 말 등에 얹는 안장)를 떨어뜨릴 염려는 없다. 애초부터 올려놓을 길마가 없는 빈털터리다.

말도 길마가 있으면 온순해 진다. 인간도 적지만 재산이 있으면 온순해 진다. 길마가 떨어지면 안 된다고 염려하여 행동이 소심해지고 난폭해지지 않는다.

실패하면 어떻게 할까, 아버지나 엄마한테 혼나지나 않을까? 청년다운 패기가 없어져 버린다. 그래서는 대성할 수 없다. 벌거벗은 말의 시대는 실패해도 좋은 것이다. 그것이 무술 수련과 마찬가지로 좋은 공부가 되는 것이다.

현대는 경제의 전국시대라고 불리고 있다. 옛날 전국시대와 조금도 다르지 않다. 산 도둑, 야인 무사가 우글우글하고 있는 시대다. 전국 시대의 영웅 중 대부분이 젊을 때 야인 무사처럼 전쟁터를 누비며 저 지위를 구축해 갔던 것이다.

여러분들은 아직 젊다. 벌거벗은 말의 시대가 아닌가? 조금이라도 길마를 신경 쓰지 말아라. 스마트한 청년 신사가 되기 전에 한번 "황야의 방랑자"가 될 작정으로 난폭해 봐라.

☺중요한 한 마디

싫어도 피할 수 없는 인간관계는 어떻게 할까?

나아갈 수도, 물러날 수도 없이
산지사방이 적 투성이이고
이제 촌각도 머물 수 없는
기분이 들어도
결코 거기서 물러나서는 안 된다.
정세가 바뀌는 것은
바로 거기서 부터이니까.
<하리에트 비쳐 스토>

"싸움에도 계산이 필요하다,
그렇지 않으면 이길 수 없다."

자기보다 강한 녀석과 싸우지 말아라

빈털터리 시절부터 싸움을 좋아해서 이 나이가 될 때까지
대소 수많은 싸움을 해왔다. 지금까지 한번도 진 적이 없다.
여러분들에게 싸움에 이기는 비결을 하나 가르쳐 줄까?

그것은 간단하다. 자기보다 강하다고 생각하면 절대로 하지
말라는 것. 이길 것이라고 생각해서 해 보았는데 질 것 같다
고 생각이 들면 재빨리 도망칠 것. 이 두 가지이다.

그러니까 나는 지금까지 한번도 진 적이 없다. 상대가 자기
보다 강한 것을 알고 있는데 싸우러 가는 것은 "분수를 모르
는 불나방" 같은 머리가 나쁜 녀석이다. 이긴다고 생각했는데
상대의 역량이 높아서 질 것 같은 경우는 도망치는 것이 당연
하지 않은가?

상대는 "비겁자" "바보녀석"하고 조롱하더라도 그것은 그것.
"도망치는 것이 이기는 것"이 아닌가? 상대는 이겼다고 생각

해서 방심한다. 그 때 기회를 보아 뒤에서 몽둥이로 머리를 두드려 버려도 이기는 것은 이기는 것이다. 진주만 공격은 아니지만 전쟁이나 싸움에 기습전법은 으레 따라 다니기 마련이다.

어쨌든 한번은 대단한 녀석과 마주친 일이 있었다. 20대 때의 일이다. 이웃도시에 K라는 강한 사내가 있었다.

그는 풋내기 씨름꾼의 요꼬쓰나(최고위의 씨름꾼이 매고 다니는 허리띠)를 띄고 다녔으니까 강자 중의 강자가 아닌가?

이 사내와 요정에서 우연한 일로 큰 싸움이 벌어졌다. 요정 안에서는 갈피를 잡을 수가 없다. 결투다. 밖으로 나가자 라는 것이 되고 장소는 하천 부지에서 승부를 짓기로 결정했다.

걸어가면서 나도 생각했다. 이 녀석과 정면으로 붙어서 하수가 되면 죽일지도 모른다. 하천 부지에 도착해 보니 똥 구덩이가 있었다. 여기가 끝이라고 생각해서 이 똥 구덩이를 뒤로하고 K를 기다렸다. 별 하나 없는 캄캄한 밤이었다.

"이 녀석, 각오는 됐겠지. 간다!"

K는 거침없이 돌진해 왔다. 똥 구덩이를 뒤로하고 서 있던 나는 훌쩍 왼쪽으로 몸을 틀었다. K는 공중 제비 하듯 똥 구덩이 속으로 처박혀 버렸다. 나는 지체없이 몽둥이로 K의 머리를 두드렸다. K는 비명을 질렀다. "녀석, 도망치지 않는다. 몸을 씻고 나서 승부를 결정짓자!"

도망쳐 보아도 반드시 계속 뒤를 따라올 테니까 도망쳐서는 안 된다. 관망하고 있으려니까 시간의 수호신이라고 할까 야쿠샤의 형님뻘인 사람이 개입해서 이 싸움은 중지되었다.

원래의 요정으로 돌아와서 화해의 주연이 벌어지게 되었는데 잔을 교환하기 전에 나는 대담하게 K의 머리를 딱하고 화로의 철 젓가락으로 때려 주었다.

수호신이 있으니까 괜찮다고 생각했고 후일을 위하여 선수필승으로 응징해 둔다는 타산이 있었기 때문이다. K는 화를 냈지만 그것은 수호신이 잘 정돈해 주어서 정식으로 화해했다. 싸움에도 계산이 필요하다. 그렇지 않으면 이길 수 없다.

▶────────────────────

☺중요한 한 마디

"어색한 관계"에 대처하는 방법

분함이 남자를 만든다.
비참함이 남자를 만든다.
슬픔이 남자를 만든다.
복수심이 위대한 남자를 만든다.
강대한 적이 너를
진실로 위대한 남자를 만든다.
<독일의 군인 리히트 호펜>

"돈은 빌린 곳에서 빌려야 한다,
그러기 위해서는 끈기, 노력, 도량, 성의가 필요하다."

빚은 빌린 곳에서 또 빌려라.

　야나가와(梁川)라는 마을에 나까무라(中村) 집이라는 옛집이 있다. 당시는 대단한 재산가였다. 나는 이 나까무라 집에서 돈을 빌려 일을 하고 있었는데 고치거래에 손을 대서 완전히 당하고 말았다. 대략 27, 8세 때였다. 이번에는 선거래에 손을 대지 않고 정미소에서 공동으로 일해서 일거에 복구하려고 생각하고 있었지만 보증금이 없었다.

　그래서 여러 가지로 궁리한 끝에 나까무라 집에 다시 한번 신청하기로 결심을 했다. 개업자금 3백원은 당시로서는 거금이었다. 앞의 빚을 갚지 않은 채 또 빌린다는 것은 나까무라 집으로서도 당혹해서 주인 녀석도 거절할 것이라고 생각했지만 어쨌든 물러설 수는 없다.

　어차피 두 번 걸음으로 빌릴 수는 없다. 견디지 못하고 질려 버릴 때까지 매일 찾아가 밀어붙이는 한 길 밖에 없다고 생각했다. 머리만큼 커다란 주먹밥 두 개를 허리에 차고 나까무라 집으로 향했다.

"주인님, 돈을 빌려주오. 돈을 빌리지 못하면 나는 죽을 수밖에 없다. 그렇게 되면 주인님한테 빌린 먼저 돈도 갚을 수 없다. 나도 빚을 남긴 채 죽고 싶지 않다. 제발 돈을 빌려주오. 꼭 앞의 것과 함께 이자를 붙여서 갚을 테니까 다시 한번만 부탁이다!"

열심히 부탁해도 결과는 예상한 대로 빌려주지 않는다. 앉은 채 이번에는 지구전(持久戰)이다. 날마다 주먹밥을 갖고 나까무라 집으로 출근을 시작했다.

사흘째가 되자 과연 주인은 대꾸도 하지 않게 되었다. 그래서 다시 생각했다. 상대도 장사꾼이다. 손님에게는 약하다. 손님이 왔을 때 이야기를 끊어 버리자. 그렇게 생각하고 기다리고 있는 동안 손님이 찾아왔다.

"주인님, 돈을 빌려주오. 반드시 이자를 붙여서 갚을 테니까 돈을 빌려주오."

선거에서 하는 구호처럼 계속했다. 이번에는 주인도 곤혹스러워졌다. 손님 앞에서 화를 낼 수도, 소리를 지를 수도 없어서 부드러운 목소리를 만들어서 "그 이야기는 나중에 천천히 들을 테니까 기다려 주게."하고 도망을 친다. 손님이 돌아갔다. 주인이 화를 냈다. 또 손님이 온다. 또 "주인님, 돈 좀 빌려주오."하고 졸랐다.

주인이 장례식에 가면 그곳으로 먼저 가서 기다렸다가 허리를 굽히고 모두가 늘어서 있는 곳에서 또 연호를 시작한다. 주인도 점점 정신적으로 피곤해졌다.

어느 날 돈을 난폭하게 움켜쥐고 던지듯이 넘겨주었다. "두 번 다시 오지 말아라!" 굉장히 화난 표정이다. 귀중하게 돈을 세어서 품속에 넣고 나서 "주인님, 차용증을 쓸 테니까 종이를 주오."하고 부탁했다. "필요 없어. 보기도 싫으니까 빨리 사라져라!" 주인은 화를 냈다.

이때 그렇습니까 하고 말하면 이쪽이 진다. 뒷날 강탈이나 등친 재료로 남겨 두면 지금까지의 노력도 물거품이다. 옥신각신 한 끝에 차용증을 넣어주었다.

빚은 빌린 곳에서 빌리는 것이 제일이다. 거기에는 끈기, 노력, 도량, 성의가 필요하다. 은행에서 빌리는 경우도 마찬가지라고 말할 수 있다.

☺중요한 한 마디

첫 인상이 좋은 사람, 나쁜 사람

상대의 본심을 알고 싶으면
상대의 얼굴을 계속 바라보는 것이다.
표정을 보고 있으면
말의 의미가 쉽게 파악된다.
<체스터필드>

"어떤 장사라도 다른 사람과 똑같은 것을 하고 있으면
언젠가는 지고 만다."

경쟁에서 이기려면 똑같은 것을 해서는 안 된다.

고심 참담하게 나까무라 집에서 빌린 3백원을 원금으로 마침내 염원인 정미소를 개설했다.

개설한 이상은 멋지게 번성하지 않으면 안 된다.

어떻게 하면 좋을지 또 다시 생각했다. 늦게 개업한 상점이니까 당연한 것을 하면 안 된다고.

당시 정미소라는 곳은 다이고꾸미(大黑米--칠복신의 하나로 쌀섬 위에 올라 서 머리에 두건을 쓰고 요술방망이와 큰 자루를 가진 복덕신의 하나)라는 것이 당연한 것으로 받아들여지고 있었다. 다이고꾸미가 무엇일까? 그렇다. 지금의 젊은이들은 다이고꾸미라고 해도 알지 못할 테니까.

다이고꾸미란 소위 속임수 쌀이다.

현미 한 섬이면 가령 4말 2되가 생기는 것을 실제로는 정미 4말밖에 손님에게 건네지 않는다. 즉 2되를 속이는 것이다. 음식점에서 정확히 한 되라고 해도 실제로는 8홉 정도밖에 들어가지 않는 것과 같은 것. 정미소도, 농가 쪽도 그것이 당연한 것으로 생각하고 있던 시절이다.

나는 이 다이고꾸미에 눈을 돌렸다. 이것을 파는 물건으로 하려고 결심했다.

정미소의 손님은 농가다. 그러니까 이 농가를 상대로 정미소 개설 전단을 돌렸다. 아르바이트를 쓸 돈도 없으니까 한 집 한 집 스스로 돌리며 걸었다.

쇼꾸다 정미소 개점. 나의 상점에서는 다이고꾸미는 취급하지 않습니다. 만일 다이고꾸미을 취급한 것을 발견한 사람한테는 금딱지 시계를 드립니다.

다이고꾸미가 당연하다고 생각하고 있던 농가의 사람들로서는 놀랐던 듯하다. 대단한 반향을 불러 일으켰다.

"뭐야. 쇼꾸다 녀석, 그런 것을 말하다니. 곧 가면이 벗겨질 것이다. 우선 첫째 그렇게 해서는 정미소가 살아갈 수가 없다. 금딱지 시계는 이쪽 것이다!" 누가 제일 일찍 금딱지 시계를 손에 넣는가 하는 흥미도 있어서 손님이 문전성시를 이루게 되었다. 손님이 많으면 많을수록 보통의 요금으로 충분한 이익이 오른다. 지금 말하는 박리다매(薄利多賣), 슈퍼라는 대량판매라는 녀석이다.

아이디어의 승리, 당시의 상식을 파괴한 곳에 성공이 있었다. 어떤 장사라도 다른 사람과 똑같은 일을 하고 있으면 언젠가는 지고 만다. 그 간단한 것이 실제로는 어지간히 할 수가 없다. "콜럼부스의 달걀"도 들어보면 아무것도 아닌 것이지만….

"백수의 왕 사자도 토끼 같은 작은 것을 잡을 때도
전력을 경주하는 법이다."

일은 사소한 것이라도 생명을 걸어라.

　무아지경이 되어서 일하고 있는 동안, 눈 깜짝할 동안에 1
년이 지나가 버렸다. 가계도 어쩌면 약간은 즐겁게 되어서 안
심하고 있을 때 예의 나까무라 집의 주인이 심각한 얼굴을 하
고 찾아왔다.
　어쩌면 주인 녀석, 내가 번성한다는 소문을 듣고 빚을 받으
러 온 것이라고 생각했다. 그런데 이야기는 뜻밖에 다른 것이
었다.
　당시는 소화의 초기, 대만 은행의 도산부터 시작해서 전국
의 은행이 대공황으로 빠져들고 있을 때였다. 야나가와 도시
에도 백일은행(百一銀行)이라는 것이 있었는데 이것도 오늘, 내
일하고 있는 상태에 있었다.
　나까무라 집의 주인도 이 은행의 임원 중 한 사람으로 지금

사직하지 않으면 은행 도산과 함께 자신의 가옥이나 토지가 담보로 빼앗겨 버린다. 다른 임원도 마찬가지라는 것. 사직하고 싶어도 임원 가운데 요시다(吉田)라는, 이 주변 일대에서는 우는 아이가 이름만 들어도 울음을 그친다는 주먹 우두머리가 있는데 그가 반대하기 때문에 사직도 할 수 없다.

쇼꾸다 씨가 돈 빌리러 왔을 때의 열의와 밀어붙이는 것이 생각나서 당신이 그 사내와 만나서 임원을 사직해도 좋다는 말을 받아냈으면 좋겠다. 다행히 성공하면 답례로서 지금까지의 빚은 모두 없는 것으로 해도 좋다.

이런 부탁이었다. 나로서도 사내와 만나는 것이 좀 언짢다고 말하고 싶었지만 빚을 탕감해준다는 것이 매력이 있었기 때문에 받아들이기로 했다.

요시다라고 해도 상대가 야쿠샤의 두목이다. 두드리면 먼지가 하나나 둘은 반드시 나올 게 틀림없다. 먼저 그 먼지를 조사한 뒤 그 두목의 집을 방문했다.

"두목, 있는가! 두목을 만나고 싶다!"

기세 좋게 크게 소리를 지르며 들어갔다. 보통 일로는 두목을 만날 수 없으리라고 생각했기 때문에 일부러 큰 소리를 질렀던 것이다.

이 큰소리 작전이 성공. 마침내 부하들과 밀고 당기는 문답을 듣고 두목이 안에서 나왔다. 이렇게 되면 마지막. 내가 말하는 것을 듣지 않으면 이 길로 검찰청에 직행할 것이라고 단숨에 핵심을 찔렀다.

그러자 어쨌든 꺼림직한 것이 있는 두목, 내 얼굴을 계속 바라보고 있다가,

"배짱이 있는 재미있는 젊은 녀석이다. 자, 올라와라."

하는 말을 남기고 앞장을 섰다. 나도 따라서 안으로 들어가 이야기는 점점 진행되어 나갔다. 요시다 두목도 어지간히 기분파 사내였다. 필요 서류에 전부 도장을 찍어주었다.

나까무라 집주인이 기뻐한 것은 말할 것도 없다. 지나가 버리면 보잘 것 없는 웃기는 이야기로 끝나 버리지만 그 때는 그 때대로 생명을 거는 승부였다.

백수의 왕 라이온은 토끼 같은 작은 동물을 잡는 경우라도 전력을 기울이는 것이 아닌가? 그 하나 하나의 노력이 겹쳐 쌓여서 인간을 크게 성공시키는 것이다.

☺중요한 한 마디

상대의 마음을 여는 열쇠는 어디?

먼저 상대의 장점을 칭찬한다.
그리고 나서 서서히
상대의 결점을 가르쳐 주면 좋다.
<데일 카네기>

"가솔린 펌프도 가솔린이 없으면 움직일 수 없다."

휘발유가 없으면 사람도 움직일 수 없다.

나까무라 집의 한 건을 성공시킨 것으로 시내 전체에서 유명하게 되었다. 뭔가 어려운 일이 일어나면 나한테 부탁하러 오게 되었다.

야나가와 도시에 A라는 선배가 있었다. 나이는 30살이 조금 넘었다. 어떤 이유인지 내가 마음에 들어서 무슨 일이 있으면 금방 오라고 호출을 걸어온다.

가보면 "쇼꾸다 군, 오늘은 은행에 가서 돈을 빌려 오게", "오늘은 이 거래선과 만나서 계약을 잘 체결해 달라"거나 마치 나를 사용인처럼 혹사했다.

처음 동안은 칭찬도 받고, 인생 공부의 하나라고 생각해서 전력투구해서 일에 부딪쳐 어려운 문제를 차례차례 해결해 갔다. 그러나 별로 답례를 받는 것도 없었다.

그런 주제에 또 어려운 일이 일어나면 나를 부르러 온다.

너무나 울화가 치밀어 어느 때 A를 향하여,

"너무나 나를 예사로 취급하는 것은 그만 두었으면 좋겠다. 나도 일이 있으니까 이제 약간 중요한 일에 쓰이고 싶다."

하고 말해 주었다.

그러자 이 사내, 태평한 표정으로.

"쇼꾸다 군, 가솔린 펌프를 알고 있는가?"

"예, 알고 있습니다."

"저것은 바닥 사이에 장식으로 놓아둔 것이지. 불났을 때만 펌프 집에서 꺼내서 사용하는 것이지."

라고 한다. 마침내 나를 소방펌프로 취급해 버린 것이었다.

어느 날, 또 몇 번인가 호출이 있었지만 일부러 가지 않았다. 기다리다 지쳐서 저쪽에서 맞으러 왔다. 그래서 나도 말해 주었다.

"선배, 가솔린 펌프도 가솔린이 없으면 움직일 수 없습니다."

"뭐, 가솔린, 그런가, 수수료의 일이구나. 그것은 내 잘못이다. 이번부터는 하나하나에 대해서 지불할 테니까 어쨌든, 부탁한다."

"안 됩니다. 금액을 결정해서 선금으로 주지 않으면 움직일 수 없습니다."

그때부터 펌프에 가솔린이 들어오게 되었다.

"약한 자에게 들러붙는 녀석은
고압적으로 나가지 않으면 안 된다."

나쁜 녀석한테는 고자세로 대하라.

온갖 사건도 무사히 해결되고 정미소도 마침내 궤도에 올라 쌀 판매도 손길이 익숙해지기 시작했을 때, 이웃 도시에 야스다(安田)라는 돈 많고 성질이 나쁜 쌀집이 있었다. 비료 등도 취급하고 있는 상당히 커다란 상점으로 돈도 있는데 지불이 나빴다. 태생이 그런 성격이었을 것이다.

나도 팔고 싶은 일념으로 그런 줄 알고 있으면서도 쌀을 팔았다. 그러나 대금을 어지간히 받지 못했다. 아무리 힘을 써도 반응이 없는 녀석으로 다른 사람들도 이 상점 주인한테는 울며 돌아갔다. '좋다, 이 녀석을 한번 혼내주자' 하고 마음에 결심을 하고 수금하러 나갔다. 예와 같이 또 잡아 늘였다.

"주인님, 당신이 정말로 지불하는 날로 해요. 그 대신 그 날부터 다시 나는 반달을 기다려 준다."

"오, 그런가. 정말 배포 있는 쇼꾸다 군이다. 감사하다."

"그 대신 그날 지불하지 않으면 어떻게 한다."

"나도 남자다. 내 목을 쇼꾸다 군에게 바친다."

"그럼, 주인님, 그것을 써서 도장을 찍어 주시오."

내 속도 모르고 손쉽게 목을 쳐도 좋다는 증거문을 써 받았다. 나를 우습게 본 것이다. 그로부터 2개월, 약속한 기한 날에 야스다가 사는 곳으로 갔다.

"안 돼, 쇼꾸다 군, 미안 미안. 20일만 더 기다려 주게. 반드시 지불할게."

역시 예의 자세다. 그래서 나는 갑자기 주인의 목을 잡아끌고 아무도 없는 곳으로 데려갔다. 상점 앞에서는 말리는 사람이 들어오거나 구경꾼이 들어와서 귀찮게 하기 때문이다.

거기에서 바닥에 눌러놓고 그 위에 말을 탄 채 단도를 재빨리 뽑아 들었다.

"야, 야스다! 약한 자를 조롱하는 짓은 작작 해라! 당신 때문에 얼마나 모두 괴로움을 당해 왔는가! 오늘은 도저히 용서할 수 없다. 하늘을 대신해서 즉각 실행할 테니까 각오해라. 각서가 있으니까 경찰 문제는 관계가 없다.!"

녀석, 이번에는 진짜로 당했구나 하고 품속에 있던 지갑에서 지금까지의 돈을 모두 지불해서 건네주었다. 약한 자에게 들러붙는 녀석은 고압적으로 나가지 않으면 안 된다.

나중에 다른 사람한테 들었더니 야스다는 이때만큼 놀란 날이 없었다고 했다고 한다. 그리고 쇼꾸다는 재미있는 남자라고 하며 그때부터 나와 친한 사이가 되었다. 높은 모자를 쓰고 자주 나의 상점에 놀러 오게 되었다.

"사업가가 되기 위해서는
앞을 읽지 않으면 안 된다."

전환할 때는 충분한 준비를 해서 시행하라.

쌀집은 확실히 견고한 장사이다. 일하고 있는 한 만에 하나라도 부숴질 일은 없는 것이다. 그러나 크게 성장 발전할 수도 없다. 뭔가 하면 모두 가족 노동이지 사용인을 부리고 있지 않기 때문이다.

사람, 혼자의 힘으로는 한계가 있다. 예를 들어 물건을 운반하는 것을 생각해 보자. 한 사람이 쌀을 운반한다면 겨우 한 섬은 운반할 수 있을 것이다. 그것도 짧은 거리뿐이다.

리어커를 사용하면 5섬까지 운반할 수 있다. 짐마차를 사용하면 15섬도 가볍다. 트럭을 사용하면 백 섬도 가능하다. 화차를 사용하면 300섬은 충분히 싣는다. 배를 이용하면 대단한 양이 된다.

이처럼 한 사람으로서는 아침부터 밤까지 파김치가 되도록 일하더라도 가치가 오르지 않는다.

특히 전후처럼 쌀이라는 상품이 정치가 개입하는 상품이 되어 버리자 더욱 그렇다. 매입 가격도, 판매 가격도 정부가 결정해 버리니까 장사의 맛이 없다.

쌀뿐만 아니라 예를 들면 내가 하고 있는 버스회사 같은 교통사업도 운임을 정부에서 결정하도록 되자 경영은 괴롭게 된다. 수단이 필요 없어져 버린다.

나는 쌀집을 하면서 이대로 있으면 일생 쌀집 주인으로 끝나버린다. 뭔가 생각하지 않으면 안 된다고 끊임없이 생각했다.

그래서 눈을 돌린 것이 교통사업이다. 지금처럼 운임이든 무엇이든 정부에서 결정하기 전의 이야기다. 후지야마(富山) 전철을 하고 있던 사하꾸(佐伯) 씨들이 현지 재계 사람들과 함께 후꾸시마전철이라는 회사를 만들어서 후꾸시마에서 한반온천, 후꾸시마에서 보겐마찌, 야나가와마찌 쪽에 전철을 달렸다.

교통사업은 설비투자에 돈이 들기 때문에 증자 증자로 배당까지 갈 수 없었다. 그 때문에 주주 우대(優待)로, 10주마다 한 장 단위로 무료 패스를 주고 있었다.

나는 거기에 눈을 돌렸다. 장래는 교통사업이 인기 사업이 되어 온다. 그러기 위해서는 조금씩 주를 모아가자. 받은 우대 패스는 통근이나 통학하는 사람에게 반액으로 팔리라. 은행금리는 만들어낸다. 그렇게 생각해서 실행으로 옮겼다.

쌀집의 이익을 주식으로 옮겼다. 우대 무료 패스는 반액으로 팔아 버렸다. 예약 주문이 올 정도가 되었다. 고치의 중개 일도 다시 시작했다. 어디에 가더라도 패스가 있으니까 일도 하기 쉽다. 슬금슬금 야인 무사에서 발을 씻을 기회가 찾아왔다.

후꾸시마 교통의 대주주의 한 사람으로서 임원으로 들어갔
다. 세상의 녀석들은 깜짝 놀랐을 것이다. "저 쇼꾸다 녀석이
중역으로….''라고 하면서. 사업가가 되기 위해서는 앞을 읽지
않으면 안 된다. 그리고 전환할 때는 그 나름대로 주도면밀한
준비가 필요하다는 것이다.

▶━━━━━━━━━━━━━

☺중요한 한 마디

감정의 트러블

우정은 성장이 늦는 식물이다.
그것이 우정이라는 이름으로
값하기 이전에
그것은 몇 차례나 곤란한 타격을 받아서
견뎌내지 않으면 안 된다.
　　　<워싱턴>

제 6 장
대장이 되려면 대장답게 행동하라

" 대장은 머리를 사용하라,
머리를 사용해서 하졸을 부리는 것이다."

대장은 하졸의 일은 하지 말아라.

회전의자에 앉아서 칼렌다를 넘기려다가 쓰러져서 늑골이
부러졌다는 이야기인데, 자네, 그것이 사실인가? 주의하게. 이
번 자네의 사고는 천벌이다. 어째서 천벌이라고 하는지 아나?
칼렌다를 넘기는 일은 하졸이 하는 일이지 대장이 하는 일이
아니다.

대장이라는 것이 하졸이 하는 일을 하고 있으니까 "대장다
운 일을 하라"고 신이 벌을 준 것이다. 대장은 그런 작은 일을
하는 것은 아니다. 대장은 머리를 사용하라. 머리를 사용해서
하졸을 지휘하는 것이다.

정말 그렇다. 바로 자네처럼 실수를 하는 녀석이 있으니까
그 이야기를 들려 주지.

버스회사를 합병하기 전 군산의 겐난 교통에서 사장을 하던
시절이다. 시내에 있는 토건회사가 내가 있는 곳의 일을 청부

받게 되었을 때이다.

그런데 사장이 신주를 불러서 기공식을 하고 싶다고 한다. 왜냐고 물었더니 여러 가지의 죄, 더러움을 빌어서 공사의 안전무사를 고사 지내기 위한 것이라고 했다.

나는 아무것도 나쁜 짓을 하지 않았으니까 고사 지낼 필요는 없지만 자네는 그런 죄, 더러움이 있는 인간이라면 나는 공사를 맡길 수 없다. 다른 사람에게 맡긴다고 했더니 "알았습니다. 기공식을 하지 않고 하겠습니다" 하고 말하며 공사에 착수하여 기일까지 무사히 공사를 완료했다.

그런데 이 남자는 그 뒤 군산에서 다른 큰 일을 맡아 성대한 기공식으로 고사도 마쳤는데 공사 도중 작업의 실수로 오른손목의 절단이라는 큰 사고를 당해 버렸다. 그 이야기를 다른 사람한테서 들었기 때문에 어찌 되었든 위문하러 찾아갔다.

기공식을 성대하게 했다고 하는데 "신주를 불러서 고사를 지냈는가? "하고 묻자

"예, 했습니다" 하고 대답한다.

"그래, 봐라. 신을 가까이 하니까 그렇게 되었다. 고사를 지내면 괜찮다고 신에게 지나치게 의지하니까 그렇게 된 것이다. 고사를 하지 않은 내 공사에는 부상을 입은 사람이 하나도 없지 않았는가? 이 공사는 고사를 지내지 않았으니까 서로에게 주의를 하려고 모두가 그런 마음으로 일을 해서 신에게 의지하지 않았으니까 한 사람도 상처를 입지 않았던 것이다.

이번의 경우는 자네는 오른손목 절단이라는 큰 상처를 입고 있다. 오른손이라고 하면 인간의 중요한 부분이다. 이것을 없

앤 자네는 큰 불행이다. 그러나 자네는 이 불행을 원망하지
말라. 아직 머리가 남아 있다.

손목이 있으니까 끝내 하졸의 일을 한다. 이번에는 그것을
할 수 없다. 좋은 기회이다. 토건업으로서 대장다운 일을 하
라. 신은 그렇게 생각해서 벌을 준 것이다. 그렇게 보면 큰 불
행이 아니라 큰 행복이 될 징조이다."

그렇게 말하고 격려했더니 그 말대로 지금은 커다란 회사
로 성장해 있다.

☺중요한 한 마디

가족 사이에 없어서는 안 되는 이 "자세"

비난만 받고 자란 아이는 비난만 한다.
적의 속에서 자란 아이는 아무하고나 싸운다.
마음이 관대한 사람 속에서 자란 아이는
인내심이 강하다.
격려를 받고 자란 아이는 자신을 갖는다.
칭찬을 받고 자란 아이는
언제나 감사할 줄을 안다.
  <미국 인디언 가르침에서>

"대장은 눈앞의 이득에 매달리지 않고
대국을 보고 정책을 세워 나가는 것이다."

먼저 상대에게 이익을 주어라.

옛날 중국에 사이가 나쁜 두 나라가 있었다. 언제 전쟁이 일어날지 알 수 없는 상태에서 양쪽 모두 부국 강병책(富國强兵策)을 썼다.

그 당시 최대의 병기는 말이었다. 지금이라면 기동부대와 같은 녀석이었다. 갑(甲)이라는 나라에서는 이 말을 많이 준비하기 위하여 다음과 같은 정책을 취했다.

죽은 말까지도 민간에게서 비싸게 사주기로 했던 것이다. 죽은 말까지도 돈이 되니까 산 말이라면 더욱 높은 값을 받을 것이라고 생각하여 말의 사육이 급속히 번성해 갔다.

한편 을(乙)이라는 나라는 정부의 권력을 갖고 민간에서 쉴 새없이 말을 징발했다. 징발이니까 그 값은 말이 아니었다. 이 것을 정부가 강행했기 때문에 민간에서는 말 사육의 열기가 완전히 사라져 버렸다.

어차피 정부한테 징발되어 버릴 테니까 하며 말을 들로 놓아 보내거나 혹은 사료를 전혀 주지 않았기 때문에 급속히 말이 감소해 버렸다. 남은 말도 뼈가 앙상한 여윈 말이 되어 버렸다.

이윽고 갑과 을, 양국 사이에 전쟁이 일어났다.

갑의 나라에서는 날쌔고 살찐 말에 탄 병사들이 대거 밀려왔다. 맞이하는 을의 나라에서는 병사들이 탈 말이 없었다. 있다고 해도 흐느적흐느적 거리는 병든 말 뿐, 마침내 을의 나라는 갑의 나라에 무릎을 꿇고 말았다.

죽은 말까지도 사주면 돈이 든다. 징발하면 비용이 들지 않는다. 이 양국의 정책 차이는 교훈으로서 깊이 생각해 보지 않으면 안 된다.

한쪽은 일하는 무리에게 생산의욕을 주었기 때문에 이겼다. 한쪽은 반대로 생산의욕을 꺾어버렸기 때문에 졌다.

이와 똑같은 일이 경제의 세계에서도 해당된다. 사업가로서 위에 있는 자가 반드시 마음에 새겨 두지 않으면 안 되는 중요한 것 가운데 하나이다.

여러분들도 일하는 자에게 생산의욕을 꺾는 것 같은 정책을 취해서는 안 된다. 무엇보다 먼저 일하는 의욕을 높이는 정책을 취하지 않으면 안 된다.

그러기 위해서는 먼저 상대에게 이익을 주는 것이 선결문제이다.

사원에게는 돈이나, 지위를. 손님의 경우에는 좋은 상품을 값싸게 판다. 백화점이나 슈퍼에서 특매품이라고 하면서 바겐세일 물건을 늘어놓는 것도 손님에게 먼저 싼 물건을 주고 그것으로 손님을 낚는 것이다.

좋은 것을 먼저 준다는 것이 중요한 것이다. "손해로 이득을 취하라"는 말이 있지 않은가?

대장이라는 것은 눈앞의 이득을 욕심 내지 않고 대국을 보고 정책을 세워나가는 것이라는 사실을 잊지 말아라.

◉중요한 한 마디

사람의 마음이 다가갈 때, 멀어질 때

열 사람이면 열 사람이 모두
나쁘다고 하는 사람은
착한 사람이 아니다.
열 사람이면 열 사람이 모두
좋다고 하는 사람도 착한 사람과는 다르다.
참된 선한 사람은 열 사람 중
다섯 사람이 비난하고 다섯 사람이 칭찬하는
인물이다.

<공 자>

"마라톤의 출발점에서 선두에 선 자가
반드시 일등으로 골인하는 것은 아니다."

"우여곡절"로 혼동하지 말아라.

아부꾸마강은 백하(白河)의 남쪽에서 발생하여 북은 궁성현의 고우하마에서 태평양까지 길게 이어져 있다. 대국적으로 보아 남에서 북으로 흐르고 있는 것을 알 수 있다. 그러나 실제로 그 흐름을 따라가 보면 남에서 북으로 흐르고 있는 강이 곳에 따라서는 북에서 남으로 반대로 흐르는 곳도 있다. 또 장소에 따라서는 동에서 서로, 서에서 동으로 흐름이 바뀌고 있는 곳이 있다.

지금, 가령 이 흐름에 의지하여 배를 띄웠다고 가정하자.

그렇게 하면 역류가 흐르고 있는 곳을 가는 경우 남에서 북으로 흐르고 있다는 것은 틀린 것이라고 순간적으로 생각한다. 방향 음치가 되는 것이다.

그래서 대개의 사람들은 당황하다가 판단을 틀려 버린다.

주식을 움직이고 있으면 잘 알 수 있는데 당황해서 팔아야 할 주식이 아닌 것을 급히 팔아 버리거나 사지 않아야 할 주식을 왕창 사 버린다. 나중에 실패했다, 살 수 없었다, 팔지 못했다하고 후회해도 사후 약방문이다. 대국의 흐름을 잘 잡지 못했기 때문이다.

세상에는 이처럼 "우여곡절(紆餘曲折)"이라는 것을 이해하지 못했기 때문에 실패를 반복하고 있는 사람들이 많다. "우여곡절"이란 글자 그대로 굽어서 휘어져 있는 것. 즉 사정이 얽혀서 복잡하게 변화된 것이라는 뜻이다.

인생에서도, 사업에서도 이 "우여곡절"은 따라 다니는 것이다. 굽어서 휘어져 있을 뿐만 아니라 낮은 곳이 있는가 하면 격류도 있다. 댐이 있고 배를 한번 바꿔 타지 않으면 안될 때도 있다.

호우가 있으면 물이 불고, 해가 계속 쪼이면 물이 감소한다. 일시적으로 거꾸로 흐르는 것같이 보여도 본류(本流)의 흐름은 변하지 않는다. 시대라는 강이 남에서 북으로 흐르고 있는지, 동에서 서로 흐르고 있는지 대국적으로 서서 그 흐름의 본류를 바로 보아야 하는 것이다.

적은 일에 놀라거나 당황하거나 해서는 대장의 자격은 없다. 전국시대, 물새의 울음소리에 놀라서 "와! 적의 기습이다!" 하고 놀라서 도망친 대장도 있지만 꼴 사나운 이야기이다.

서양격언에 "제비 한 마리가 있다고 아직 여름은 아니다."라는 것이 있는 것을 알고 있다.

제비는 여름 초에 남반구에서 북반구로 날아오는 철새이다. 여름을 알리는 사자(使者)라고도 알려져 있지만 때때로는 춘삼월에 날아오는 길 잃은 새도 있다.

그러니까 제비 한 마리를 보았다고 해서 이제 여름이라고 간단히 말할 수는 없다. 길을 떠나지 않고 월동을 하는 새도 있는 것이다.

그러나 큰 뿌리로서 여름을 고하는 새임에는 틀림이 없다. 역시 "우여곡절"이라는 것이다. 마라톤의 출발점에서 선두에 선 자가 골에서도 일등으로 들어온다고는 말할 수 없다.

사물의 작은 부분만을 보고 전체를 해결해 버려서는 안 된다. 대국의 흐름을 보는 것을 잊지 말아야 한다.

▶━━━━━━━━━━━━━━━

☺중요한 한 마디

배려를 만들 수 있는 사람과 없는 사람과의 차이

작은 친절, 작은 사랑의 말이
지상을 천국처럼
행복하게 만드는데
도움을 준다.
　　　　＜미국의 교육가 카니＞

"빚을 두려워해서는 안 된다.
빚이 많으면 빌려준 쪽에서 응원하는 법이다."

다른 사람의 칼로 잘라서 열어라.

사업을 확장하는 데는 시기가 있다. 그런 경우는 대담하게 펼치는 것이다. 돌다리도 두드려 건너는 견실함도 필요하지만 모든 일은 챤스가 있는 것이다.

확장하려는데 돈이 없다. 자신의 돈으로는 부족하기 때문이라고 놓쳐 버린다. 이래서는 사업가로서 대성하지 못한다. 다른 사람의 돈을 사용하는 것이다. 대기업과 제휴해도 좋지 않을까? 올라타서 빼앗아 버리지 않을까 하고 염려하지 말아라. 그런 작은 생각이니까 크게 되지 못하는 것이다.

'기생하려면 큰 나무의 그늘이 좋다'고 힘이 없는 시기는 어떤 녀석이든 힘을 빌리는 것이다. 가령 자본을 이용하려고 생각한다면 대담하게 큰 자본을 출자하게 하는 것이다. 조그마한 자본을 끌어내서는 상대가 진짜 기분이 들지 않는다. 언제 버릴지 모르기 때문이다.

첩이 주인한테서 버림을 받지 않도록 하기 위해서는 훌륭한 집을 만들어 받고 매월의 생활비를 크게 받아내야 하는 것이다.

집을 짓는데 많은 돈을 들이고 매월 많은 액수를 들이고 있는 주인 입장에서 보면 그 돈이 아까워서 어지간히 첩을 버릴 수가 없다. 첩이라고 언제까지나 젊은것은 아니다. 매력도 사라진다. 만일 조그마한 돈밖에 받지 못한다면 어느 날 갑자기 차버릴지도 모르는 것이다.

이 원리를 응용해야 하는 것이다.

세상에는 빚을 두려워해서 자신의 돈만으로 하려고 하는 사람이 있다. 자신의 돈에는 한계가 있다. 그렇게 해서는 크게 되려고 해도 커질 수가 없는 것이 아닐까?

사업의 길을 잘라 여는데 자신의 칼이 아니면 자를 수 없다고 생각하는 것은 틀린 것이다. 다른 사람의 칼을 빌려서 잘라도 좋은 것이 아닐까? 그것이 명검이라면 더욱 그렇다. 무딘 칼을 칼날을 세우기 위해서 칼 가는 곳으로 가져가기보다는 잘 드는 좋은 다른 사람의 칼을 빌려야 한다.

앞으로의 장사는 중앙과 손을 잡지 않으면 커질 수가 없다. 사회가 그렇게 변화되어 가고 있는 것이다.

자본이나 기술의 제휴, 판매권의 확보, 대량선전, 여러 가지로 손을 잡을 수가 있다.

빚을 두려워해서는 안 된다. 빚이 많게 되면 빌려준 쪽은 부숴지지 않도록, 이익이 생기도록 열심히 응원해 주는 것이다.

빚이나 중앙과의 결합을 무서워해서는 사업가로서 낙제다.

"사람은 누구나 결점이 있다,
그것을 미주알고주알 캐어서는 부하를 키우지 못한다."

쌀 부스러기를 신경 쓰지 말아라.

이것은 내가 정미소를 하고 있었을 때의 경험인데 현미 두 말을 백미로 만들려면 5퍼센트의 겨가 나와 한 말 아홉 되가 생긴다.

이 백미를 보면 옛날 기계이니까 부스러진 쌀이 꽤 많이 들어 있다. 부스러기 쌀이다.

이 부스러기에 신경이 쓰여서 열심히 제거하려고 하자 대단한 품과 시간이 걸린다. 다음 일을 할 수 없게 되는 것이다. 이래서는 안 되겠다고 생각해서 그 뒤는 이 쌀 부스러기를 신경 쓰지 않기로 했다. 부스러기가 많은 것은 그 양만큼 값을 내려서 팔면 되는 것이다.

어떤 사업이라도 이치는 같은 것이다. 사업을 하는 이상, 반드시 이 백미의 부스러기에 해당하는 부분이 있다.

예를 들면 불량채권이거나, 부도라거나. 사람을 사용하면 단점이 신경 쓰인다. 그런 것도 같은 종류이다. 판매해서 들어올 돈이 미수가 되면 기업 운영상 좋지 않은 것은 당연한 이야기.

하지만 조그만 부도를 맞았다고 사장 이하 모두가 소란을 떨며 그 일만 관계하고 있다면 어떻게 될까?

사원들은 부도가 무서워서 적극적으로 판매하지 않게 된다. 사장이라는 자도, 그런 어음을 받은 직원도 그 일만 관계하고 있으니까 그만큼 사업이 진행되지 않게 된다.

장부라는 것도 그렇다. 지사, 지점의 전표 정리에서 때때로 100원의 차이를 큰 소동을 피우며 사흘이나 나흘 동안 장거리 전화를 걸어서 맞추려고 혈안이 된다. 100원이 넘는 시간과 경비를 들인다. 이것은 쌀 부스러기이다. 작은 일에 지나치게 신경 쓰다가 대국을 잃고 있다. 결손 처분으로 해서 앞으로 전진하는 방법을 배워 두지 않으면 안 된다.

사람을 사용하는 것도 그렇다. 쌀 부스러기와 같은 결점은 누구라도 갖고 있다. 그것을 너무나 지나치게 신경 써서 미주알고주알 하고 있어서는 부하를 크게 키울 수가 없다.

옛날 이께다 고우테이(池田光政)가 유명한 교토(京都)의 사까꾸라(板倉)을 방문하여 나라를 다스리는 요령을 물었다.

사까꾸라는 "어려운 일이 아닙니다. 그것은 사각형 상자에 된장을 넣고 둥근 국자로 퍼내는 것과 같은 것입니다."하고 대답했다. 고우테이는 "그래서는 구석구석까지 취할 수 없지 않습니까?" 하고 반문했다. 사까꾸라는 "대국의 경영은 구석구석까지 스며들도록 완벽을 기하면 실패합니다."하고 대답했다고 한다. 대장은 부스러기 쌀은 신경 쓰지 말아야 한다.

"옛날을 잊지 않기 위해서
나는 지금도 주먹밥을 갖고 회사에 나간다."

빈곤성이야말로 미덕이다.

"다스려서 환란의 시절을 잊지 않게 한다."

조금만 상태가 좋아지면 사치를 무겁게 뒤집어 써서 인간이라는 자는 금방 쓰러져 버린다. "일어난 헤이가(平家)는 영원하지 않도다."는 예도 있다.

옛날의 괴로웠던 일을 잊지 않도록 항상 마음을 여미고 비상시에 대비하는 것은 중요한 일이다.

마음으로 그렇게 생각하고 있어도 그 느낌을 평소에 계속 가진다는 것은 어지간한 노력으로는 힘든 법. 옛날을 잊지 않기 위해서 나는 지금도 주먹밥을 갖고 회사에 나가고 있다. 주먹밥을 지참한 사장은 일본 전국을 둘러보아도 그 수는 거의 없을 것이다.

주먹밥을 먹으면서 옛날을 회상하고 앞으로의 존재 방법을 생각한다. 이것이 사업가의 각오라는 것이다.

언제나 여분을 갖고 있기 때문에 주위의 중역이나 노동조합의 간부들에게도 나눠주어 먹으면서 의사 소통을 원활히 하도록 하고 있다.

위에서 이처럼 검소와 절약을 가슴에 갖고 있으면 아래도 반드시 그것을 배우는 것이다.

아래는 언제나 위를 바라보고 있으니까 위가 어지러우면 아래도 반드시 어지러워진다. 위가 더러우면 아래도 이것을 배워서 함부로 돈을 쓰게 된다. 위가 자신에게 엄격하지 않으면 안 된다는 것은 이 때문이다.

이 나이가 되어도 나는 아직 빈곤성을 뽑아버리지 않은 것을 감탄하거나 어처구니없어 하는 일이 있다. 그것은 신문에 끼워 오는 광고 전단이다. 이것을 그대로 버릴 수가 없다. 4각으로 잘라서 손자들의 낙서용 종이로 해주려고 정리해 둔다. 어차피 손자들도 사치해져서 내가 만든 낙서장을 사용하지 않는다는 것을 알고 있어도 그만두지 않는다. 중추절이나 세모에 받은 포장지도 마찬가지이다. 깨끗이 정리해 두지 않으면 마음이 편치 못하다. 음식점에 가도 손을 대지 않은 튀김이나 튀김 장어 등이 있으면 손자들이나 가정부에게 먹이려는 생각으로 포장해서 가져온다.

만사가 빈곤성에서 나오고 있다. 과분하다는 기분이 몸에 깊이 배어 있는 것이다.

"소비는 미덕이다"라는 말은 나한테는 아무 인연이 없는 말이다.

"빈곤성이야말로 미덕이다."는 이것이 사업가로서 내가 갖고 있는 금언이다.

"사업가는 어느 시기 숨 돌릴 시간도 없이
돌아간다는 것을 평소 아내에게 이해시켜 두어야 한다."

아내는 밀어붙여 두어라.

　세상에는 종종 "저 녀석은 아내 궁둥이에 눌려서 지낸다."라
고 평판이 나 있는 사내들이 있는데 재미없는 녀석들이다. 궁
둥이에 눌려 있는 체를 하고 있다면 몰라도 불알까지 잡혀서
몸을 움직일 수 없어서는 눌려지낸다고 해도 도리가 없다. 샐
러리맨이라면 몰라도 사업가로서는 대성할 수 없다.

　"수신제가 치국평천하(修身齊家治國平天下)"라는 말이 있는데 몸
을 닦고 집을 세운 뒤에 비로소 국가를 논할 수 있다는 것이
니까, 아내 하나 밀어붙이지 못해서 어떻게 사업가로서 많은
사람을 움직일 수 있겠는가?

　여성 해방 운동이라든가, 여성 상위시대가 어떤 것인지는
모르지만 주제넘게 나서는 아내는 악처 중의 악처이다. 내조
의 공이라는 것은 사람 눈에 띄지 않는 것에 가치가 있는 것
이니까 무턱대고 떠드는 것도 아니고 떠들어야 하는 것도 아

니다.

회사의 일, 인사, 수입 등은 아내에게 알리지 말아라. 가정
은 가정, 일은 일이라고 확실히 구별해 두지 않으면 안 된다.

전국 시대의 무장이 일일이 아내에게 보고하거나 상담하고
전쟁을 해왔는가? 그녀들은 언제나 남편이 결정한 방침에 따
라서 거기에 협력하여 내조의 공을 쌓아갔던 것이다.

요즈음 "마이 홈 주의"라고 해서 가정 서비스가 살아가는
보람이라는 논의가 있지만 사업가가 가정에 매몰되면 죽어 버
린다.

미쓰비시 은행의 두취(頭取)를 지낸 다지쓰와다루(田實步) 씨의
에피소드를 들어보자.

다지쓰 씨는 미쓰비시 그룹의 회장으로서, 두취로서 매일
밤낮으로 바쁘게 지내고 있다. 따라서 매일 밤 집에 돌아오는
것이 늦어졌지만 부인은 전혀 오늘밤은 어디서 지냈는지, 누
구와 함께 있었는지 일체 물은 적이 없는 것 같다. 어떤 시기,
잠시 동안 매일 밤 늦는 일이 계속되었다. 어느 날 아침, 문득
거실에 걸려 있던 색지 걸이의 글이 바뀌어 있었다. 언 듯 보
니,

"자네는 자네, 나는 나이니 서로 사이가 좋도다."
라는 무샤고로(武者小路)의 글이 걸려 있었다. "이것으로 한 대
맞았지요."하고 다지쓰 씨는 웃으며 말했던 것 같다.

사업가의 부부는 이것으로 좋은 것이 아닐까? 가정을 가볍
게 보라는 것은 아니다. 아내를 없는 것처럼 생각하라는 것도
아니다. 사업가는 어느 시기, 숨도 돌릴 사이 없이 일할 때가
있다는 것을 보통 때 아내에게 이해시켜 두라는 것이다.

"사업가는 최종 책임을 지는 자이지,
사표를 내고 물러설 수 있는 자가 아니다."

원 맨은 책임을 완수해야 한다.

어쩐 일인지 일본인은 할복해서 책임을 지는 것이 남자의 결백, 남자의 미덕처럼 생각하고 있다. 그 전통때문인지 무슨 사건이 일어나면 사표를 내서 책임을 지는 형태로 발전했다.

샐러리맨이라면 그것도 좋겠지만 사업가는 그런 달콤한 것은 없다.

책임을 지는 것이 아니라 완수해야 하는 것이다. "사표를 품 속에서 꺼내서….”하는 말은 기분이 좋지만 사표라도 내면 무엇을 해도 좋다는 것은 되지 않는다. 사표를 내서 책임을 진다고 하지만 그것으로 책임을 완수하는 것이 되지는 않는다. 오히려 무책임하다.

최근의 사업가는 많은 사람을 재우기 위해 방을 할당하는 마담이니까 흔히 그렇게 가벼운 말을 토하지만 오너의 사업가로서는 그것이 허락되지 않는다. 경영자는 고독하다고 말하는 것은 언제나 최종 책임을 수행하는 자는 한 사람밖에 없기 때문이다.

따라서 그런 책임을 느끼면 당연히 그 경영에 자신의 의지가 움직이지 않으면 안 된다. 어느 정도 원 맨이 되지 않을 수 없다. 원 맨 경영자라고 하면 봉건적인, 전 근대적인 경영자의 대표명사처럼 취급되고 있지만 엄청난 실수이다. 책임을 완수하기 위한 원 맨이지 결코 독재자는 아니다. 원 맨의 나쁜 면만이 지나치게 과장되어서 전해진 탓이다.

민주주의라는 미명아래 다수결로 평균적인 경영으로는 오늘과 같은 격동이 계속되는 전국시대는 극복할 수 없다. 아무리 전자계산기가 진보해서 정밀한 숫자를 튀겨내더라도 그 데이터만으로 경영이 만들어지는 것이 아니다. 그것으로 된다면 경영자는 필요 없다.

안정되어 있을 때는 어느 정도 민주적인 방법으로도 할 수 있을 것이다. 하지만 난세가 되면 될수록 영웅이 기다려지듯이 격동의 시대에도 영웅적 경영자가 필요하게 된다.

일본의 역사에서도, 외국의 역사에서도 영웅으로 민주적인 사람이 있었는가?

강렬한 개성과 리더쉽을 갖고 통솔하는 원 맨이 아니었는가?

사업가는 더욱 원 맨으로 돌아가야 한다. 노동조합에게 추파를 던지지 말아라. 진보적이라거나 민주적이라거나 기분 맞추는 자세를 보이지 말아라.

예스와 노를 확실히 말하지 않으면 사업가다운 자격은 없다. 대장으로서 낙제이다.

상인이나 중소기업의 주인들이 바보가 되는 것은 사람의 안색만 쫓아가고 예스와 노를 확실히 하고 있지 않기 때문이다. 사업가는 언제나 어떤 종류의 원 맨이 아니어서는 쓸모가 없다.

강인한 정신력과 용기가 없으면 최종적인 책임을 수행할 수 없다. 사표를 내면 끝난다는 입장이 아니기 때문이다.

☺중요한 한 마디

부하, 동료, 거래선을 다루는 법

현대 과학이 발견한 법칙에 따르면
칭찬으로 자란 아이는
야단쳐서 자란 아이보다
현명하다고 한다.
만일 자신의 부하에게 조금이라도
마음이 내키지 않는 자가 있다면
그것은 아마 다루는 방법 탓이다.
칭찬은 능력을 기르는 힘이 있다.
　　　　　　　　　<토마스 드리이어>

"대장은 싸움에서 이기는 기량을
몸에 지니지 않으면 안 된다."

"목계를 닮았다"고 불리는 인물을 지향하라.

옛날 중국에 싸움닭(鬪鷄)을 기르는 명인으로 기성자(紀省子)라
는 남자가 있었다. 어느 날 어떤 임금님에게 불려가 싸움닭의
조교를 하게 되었다. 성질이 급한 임금님으로 매일매일 어떠
냐고 물었다. 기성자는 곤란해져서 10일마다 가르친 상태를
보고하기로 임금님을 납득시켰다.

10일째가 되자 임금님은 기다렸다는 듯이 "어떤가?"하고 물
었다. 기성자는 "아직, 가짜 위세만 펼치고 있어서 안 됩니다."
하고 대답했다. 다음 20일째는 "약간 침착해졌지만 아직 적의
목소리나 자세를 보면 흥분을 하기 때문에 안 됩니다."하고 대
답했다. 30일째가 되어서 겨우 "그럭저럭 완성되었습니다. 어
떤 적에 대해서도 무심으로 잠깐 보면 나무로 만든 닭 같습니
다. 덕도 힘도 충실해서 천하무적이라고 해도 좋겠지요."하고
낭보를 전했다.

아니나 다를까 기성자가 말한 대로 이 닭이 시합에 나가자 상대는 싸우지도 않고 항복해 버렸다고 한다.

중국의 철인, 장자(莊子)가 쓴 "목계(木鷄)"라는 우화이다. 소화의 명 씨름꾼이라고 알려진 쌍엽산(双葉山)은 이 목계라는 글자를 액자에 넣어 천하장사로서 정진을 했다고 말한다.

이 이야기에는 두 가지 의미가 있다. 하나는 인간을 연마하려면 어떤 연수가 필요하다는 것과 또 하나는, 대장은 싸움에서 이기는 기량을 몸에 지니지 않으면 안 된다는 것이다.

인간으로 예를 들면 10일째라는 것은 30대, 20일째라는 것은 40대, 30일째라는 것은 50대라고 말할 수 있지 않을까?

30대는 아무래도 젊음이 넘친다. 가짜 위세를 펼쳐 보이는 연대이다. 40대는 왕성하게 일하며 상대를 보면 흥분한다. 50대가 되면 지위도 생기고 또한 인간도 시들어간다. 좋은 선배나, 좋은 친구가 이 조련사의 역할을 수행해 온다.

싸워서 이긴다는 것도 말은 쉽지만 이루기는 어렵다. 노동운동으로는 전전(戰前)부터 지도자였던 민사당(民社黨)의 니시오 마스히로 씨가 "스트라이크로 돌입시키는 지도자는 3년 경험도 필요 없다. 그러나 스트라이크를 하지 않고 똑같은 효과를 얻는 지도자를 양성하는 데는 10년의 세월이 필요하다."고 말하고 있는데 정말 동감이다.

그 사람이 얼굴을 내미는 것만으로 공무원도 말을 듣고, 은행도 잠자코 돈을 빌려주고, 동업자도 첫째 둘째로 치는 인물은 그렇게 얼마든지 있는 것은 아니다. 여러분들도 그런 인물이 되려고 연마하지 않으면 안 된다.

"명장은 물러남이 깨끗해야 하고
때를 맞춰 후계자를 길러놓아야 하는 것이다."

물러날 때 깨끗한 것은 대장의 기량 중 하나

대장이라고 한 마디로 말해도 명장(名將), 지장(智將), 투장(鬪將), 범장(凡將) 등 여러 가지가 있다. 나는 개구쟁이 시절부터 오늘날까지 싸움으로 날을 지새우며 살아왔다. 전국 난세의 군웅(群雄)이었다면 아마 투장이라고 불렸을지 모른다.

그러나 진정한 대장은 지인용(智仁勇)을 겸비하지 않으면 안 된다. 앞에서 이야기한 "목계를 닮은" 싸움닭처럼 난폭하지 않고 덕을 갖고 다스리는 인물이 된다는 것이 이상적이다.

그런 생각은 있어도 어지간히 될 수 없는 것이 인간이다. 이 나도 70이 넘은 지금 곰곰이 그것을 느끼고 있다. 솔직히 잃기 싫은 것이 있는데 지금 와서 과거를 돌아보아도 소용이 없다. 여러분들에게 이런 이야기를 들려주는 것도 나이를 먹었다는 증거이리라.

명장답게 이름을 날릴지 어떨지, 또 하나 중요한 것은 물러날 때이다. 사장이든, 회장이든 그 의자에 꼭 달라붙어 깨끗이 체념 못하는 나쁜 대장이 있는데 이래서는 명장이라고 할 수 없다.

"강도 게이타이(慶太)"라는 별명이 붙은 토큐(東急)의 고시마 게이타이(五島慶太)의 아들이 말했다.

"돌아가신 아버지를 돌아보면 70을 넘고 나서 한 일은 전부 쓸모 없었다. 토큐 호텔의 계약도 실패였고, 악명을 날리며 동양도기(東洋陶器)를 빼앗은 것도 그랬다.

역시 자신의 생명이 얼마 안 남았다는 수명에 대한 초조와 체력이나 기력의 쇠퇴, 과거 일의 영광스런 자부가 상황판단을 잘못하여 일을 그르치고 말았다. 취했는데 취하지 않았다고 생각하는 심리와 공통된 것 같은 기분이다."

나로서도 섬뜩한 이야기였다.

사업가는 죽을 때까지 사업가다. 죽을 때까지 일을 하고 있으니까 기분도 머리도 젊지만 70이라는 연대는 청년이나 장년의 시대처럼 가능성에 도박을 걸 시대는 아니다. 언제까지나 사장 자리에 꼭 붙어 있는 것만이 능사가 아니다. 후계자가 없다는 것은 이유가 되지 않는다. 자기의 지위를 보전하기 위하여 오히려 후계자를 만들지 않은 것이라고 말할 수 있다.

명장이라고 불리는 자는 이 물러남의 멋진 자세와 그 때를 잘 맞춰 훌륭한 후계자를 키우는 것, 이 최후의 판정으로 증정(贈呈)되는 말일지도 모른다.

나도 아들에게 사장 자리를 물려주었지만 과연 좋은 후계자일지 아닐지는 좀더 시간을 두고 보지 않으면 모를 것이다.

어쩌면 나도 투장(鬪將)이 아니라 범장으로 끝날 것 같다.

제 7 장
사람과 가위는 쓰기 나름

"사람 위에 선 자는 중용을 마음가짐으로 삼고
부하의 지도도 이 점에 포인트를 두어야 한다."

무슨 일이나 중용이 중심

사람을 부리는 경우, 중요한 것은 중용(中庸)이라는 것을 마음에 새겨두는 일이다. 불편 부당(不便不當)하게 어느 한쪽에 편들지 않고 중도(中道)를 걷는 것이다. 젊은 사람은 어쨌든 혈기가 많아 하나의 일에 열중한다. 젊을 때는 그 만큼 원기가 있어서 좋지만 위에 선 자는 그 길에서 벗어나는 자를 끊임없이 돌아오도록 하지 않으면 안 된다. 한쪽으로 치우쳐 버리면 대국(大局)을 볼 수가 없게 된다.

인, 의, 예, 지, 신(仁義禮智信)이라는 덕목이 있다. 전후의 젊은이들은 말해도 잘 모르지만 인간의 길을 지키는데 중요한 마음가짐의 항목이다.

그러나 이것들도 지나치게 지키면 곤란하게 된다. 옛날 사람은 이것을 경계해서 이렇게 말하고 있다.

인(仁)에 지나치면 약해진다.

의(義)에 지나치면 굳어진다.

예(禮)에 지나치면 빠져버린다.

지(智)에 지나치면 거짓을 만든다.

신(信)에 지나치면 손해를 본다.

인이라는 것은 박애(博愛), 측은지심(惻隱之心)이라는 것으로 이 것도 지나치면 다른 사람에게 의지하게 되어 모두가 약해져 버린다는 것이다.

의라는 것도 그렇다. 의리(義理)라거나 대의(大義)를 위하여 라고 얽어매져 탄력적인 사고방식, 행동이 생기지 않고 굳어져서 움직일 수 없게 된다.

예(禮), 즉 예의도 중요하지만 이것도 지나치게 공손하면 아첨이나 알랑꾼이 되어 버린다.

지(智)도 중요하지만 너무나 지식에 빠져버리면 머리 회전이 빨라져 거짓을 만들게 된다. 신도 중요하여 없어서는 안 되는 것이지만 너무나도 지나치게 사람을 믿으면 뜻하지 않게 손해를 본다. 용기도 그렇다. 이것도 지나치면 폭력이 된다.

"지나치면 부족함만 못하다"고 중용에서 말하는 것은 어지간히 어려운 일이 아니다. 무슨 일이나 중용이라고 해도 "자막(子莫)의 중(中)"이라고 맹자님도 경계하고 있지만 "무조건 두 개로 나눈다."식의 기계적인 한가운데 주의는 바보의 견본이니까 너무나 어렵다.

사람 위에 선 자는 자기 자신도 이 중용을 마음가짐으로 삼고 똑같이 부하의 지도도 이 점에 포인트를 두어야 한다.

"인간의 능력은 하루
몇 시간의 시험 성적만으로 찾아낼 수는 없다."

성적이 좋은 녀석은 떨어뜨려라.

우리 회사는 채용시험을 다른 회사와 달리하고 있다. 물론
학과시험, 면접도 하고 있다.

학과시험의 성적은 상, 중, 하로 나누고 상과 하는 낙제. 중
을 채용하고 있다. 상을 낙제시키는 것이 재미있을 것이다.

그것은 이렇다. 인간의 능력이라는 것은 하루 몇 시간의 학
과시험으로 좋은지 나쁜지 알 수 있는 것은 아니다. 앞에서도
이야기한 것처럼 실업의 사회는 실력의 사회이다. 학력, 지식,
결코 시험의 성적만으로 구별할 수는 없다.

학과시험의 성적이 좋은 사람은 머리가 좋다. 입사해서도
나는 내 능력을 높이 사서 실력으로 들어온 것이라고 생각한
다. 점점 자만심이 나온다. 상사에 대한 비판, 회사 전체에 대
한 불평 불만이 돌출해 온다. 일을 배우려는 태도나 감사의
기분이 적어진다. 그리고 조합을 만들거나 요령 좋게 타 회사

로 전출해 버린다.

현재 한 사람을 채용하려면 정년까지 급료, 퇴직금을 생각하면 몇 천만원, 대회사에서는 1억 가까운 돈이 든다. 거짓말이라고 생각한다면 자신이 직접 계산해 보면 알 수 있다. 신입사원이 정말로 도움이 되기 위해서는 5, 6년이 걸린다. 그 사이는 회사로서는 선행 투자이다. 기생으로 말하면 문하에 들어가 기생수업을 받고 이제 한 사람으로 접대인이 되었다고 생각할 때 이웃의 어떤 남자에게 시집가 버리는 것과 똑같은 일이다. 이래서는 회사가 손해다.

그런 것들을 생각해서 나는 학과시험의 상위자는 전부 떨어뜨리고 중간을 택한다. 이 중간 성적을 가진 한사람 한사람을 불러서 나는 이렇게 질문한다.

"자네는 학과시험의 결과가 어떤가, 자신이 있는가?"

"죄송합니다만 그다지 좋지 않습니다."

"그렇다. 자네의 성적은 생각대로 한 가운데로 일반적이라면 학과로 낙제이다. 그러나 나는 초등학교밖에 나오지 않았지만 노력으로 사장이 된 남자이다. 사회라는 것은 학교를 나왔다거나, 시험 성적으로 결정되는 것은 아니다. 인간 "중용"이라는 것이 중요하다. 지나치면 모자람만 못하여 지나치게 나서는 것도 좋지 않고 전혀 나서지 않는 것도 도움이 되지 못한다. 나는 자네 같은 한가운데 인간이 좋다. 묵묵히 노력하려는 인간이 좋다. 어떤가? 내가 하는 말을 듣고 열심히 한다면 특별히 채용하려고 하는데…" 그들은 감격해서 들어온다. 중소기업이란 게으르고 작은 재주를 가진 사람보다 한 걸음 한 걸음 노력해 가는 인간집단 쪽이 훨씬 강한 법이니까.

"작은 물고기를 큰 꼬챙이로 찔러 보아라,
살이 모두 뭉개져 버린다."

큰 인물은 부리지 말아라.

김치 통에는 적당한 "누름돌"이 필요하다. 크거나 작아도 안된다.

커다란 돌은 그 무게로 통 바닥에 가라앉아 버린다. 반대로 작아서는 너무 가벼워서 누름의 용도에 맞지 않는다.

작은 물고기를 굵은 꼬챙이로 찔러 보아라. 물고기의 살이 산산조각이 나 버린다. 반대로 큰 물고기를 가는 꼬챙이로 찌르면 꼬챙이 쪽이 휘어져 버린다.

이처럼 통과 돌, 물고기와 꼬챙이의 관계를 회사와 인간의 관계로 바꿔놓고 생각해 보면 잘 알 수 있을 것이다.

확실히 "사업은 사람이 한다." 하지만 그렇다고 해서 단순히 역량 있는 인물, 야심 있는 인물이 회사에 들어오면 좋은가 하면 그런 것은 아니다.

적어도 자기보다 역량이 있거나 자기가 부리기 힘든 사람이라면 처음부터 회사에 들어오지 말아야 하고 또 그런 인물이 이미 회사에 들어와 있다면 적당한 기회에 쫓아내야 한다.

이런 인물은 행랑방을 빌려주었더니 본 채까지 빼앗았다는 옛말처럼 본 채까지 취해 버린다. 본 채까지는 빼앗지 않는다 치더라도 장래 반드시 상층부에서 책상다리를 하고 앉아서 거드름을 필 것이 당연하다. 회사를 위한 것인데 회사를 위하여 필요 없는 인물이 되어 버린다.

그런 경우는 하루라도 빨리 돌아가도록 권고하는 것이다.

"우리 회사는 아직 작다. 이 작은 회사에서 필요한 것은 과일 깎는 칼 같은 작고 보잘 것 없는 인간끼리 합친 것이다. 자네는 큰 곳으로 가면 큰 인물이 된다. 소위 과일 깎는 칼과 비교하면 수천 배인 '명검' 같은 인물이다. 큰 인물인 자네는 이런 작은 곳에서는 충분히 큰 실력을 발휘할 수 없고 대우도 할 수 없다. 좀더 커다란 무대에서 활약하는 편이 좋다…."

상대에게 꽃을 갖고 가 큰 사람으로 가 버리게 하는 것이다.

자기에게 위험한 인물, 회사에 위험한 인물을 뽑아버리지 않으면 톱의 자리를 지킬 수가 없다.

자기보다 역량이 있고 회사를 위해서도 도움이 되는 사내는 직접 회사에 들이지 말고 브레인으로서, 군사(軍師)로서 주변에 두는 것이다.

어쨌든 사원뿐만 아니라 사람을 간파하는 힘을 길러두지 않으면 안 되는 것이다.

"사람을 파악하는 척도에 따라서
재는 방법이 달라진다."

사람을 측량하는 자를 가져라.

10인 10색이라고 사람마다 다르다. 사람을 간파한다는 것은 상당히 힘들다. 사람을 간파하는 척도에 따라서 재는 방법이 다르기 때문이다.

자주 인용하는 이야기이지만 도요토미 히데요시(豊臣秀吉)가 아직 하네시토 요시로(羽紫藤吉郎)라고 불리고 있을 때. 어느 날 매 사냥을 나갔다가 목이 말라 문득 지나가던 절에 들려 한 모금의 차를 소망했다. 그러자 12, 3세의 작은 중이 미지근한 차를 큰 대접에 찰랑찰랑 넘치도록 가져왔다. 목이 말랐기 때문에 마시자마자 곧바로 또 차를 부탁했다. 그러자 이번에는 중간 대접에 약간 뜨거운 차를 가져왔다. 흥미를 갖고 다시 한번 부탁하자 뜨겁고 짙은 차를 작은 잔에 담아서 가져왔다.

"영리한 아이다. 이 아이는 보통 인물이 아니다."

하고 히데요시는 감탄하여 주지에게 부탁하여 이 아이를 데리고 돌아갔다.

이 소년이 당시는 사요시(佐吉), 나중에 천하를 나누는 싸움에서 히데요시의 은공에 보답하기 위해 싸운 이시다산세이(石田三成) 그 사람이라는 유명한 이야기가 있다. 다행히 히데요시는 차에 대한 마음가짐이 있었기 때문에 사요시의 재능을 간파할 수가 있었다.

다도(茶道)를 모르는 무장이라면 어떨까? "이런 미지근한 차라면 물이 낫다."고 말하며 그 찻잔을 던져 버렸을지도 모른다. 척도가 다르면 이런 것이다.

사건이 일어나면 사람을 분별할 수 있는 기회라고 해도 그런 사건이 자주 일어난다고는 단정할 수 없다. 평소부터 사람을 평가하는 눈을 양성해 두지 않으면 안 된다.

예를 들면 작은 일이지만 담배를 사는 방법으로도 인물을 알 수 있다. 담배를 살 경우 10개들이 한 포장을 한꺼번에 사는 방식이라면 관리자로서 합격이다. 그것을 매일 한 갑씩 산다면 시간 관리자가 될 수 없다. 아주 작은 증거이다. 관리자로서는 낙제이다.

중도 채용을 하는 경우라면 전의 직장을 생각하지 않으면 안 된다. 인건비를 값싸게 들이려는 짧은 소견으로 퇴직금이 있는 정년 퇴직자를 채용하려고 해서는 안 된다.

이것은 김빠진 맥주 같은 것이다. 공무원도 채용 않는 쪽이 좋다. 얼굴이 많이 알려져 적극적으로 일을 할 수 없다. 학교 선생들은 온상에서 자란 아이로 사회상식이 없다.

은행출신도 주의를 요한다. 지나치게 경직되어서 곤란하다. 작물은 냄새나는 비료를 주었기 때문에 열매를 맺는다. 냄새

172

를 모르는 자는 커다란 일을 할 수 없다.

　가난한 사람도 안 된다. 가난하면 가난한 기분이 아무래도 마음 한쪽에 있어서 비뚤어지기 쉽다. 노동조합의 투사가 될 가능성이 충분하다.

　경찰 출신은 거의 좋다. 명령에 순종하고, 일요일이나 축제일, 밤낮 가리지 않고 일하는 훈련이 되어 있다. 이상 열거한 것은 나 나름대로 보는 방법이고 예외도 있다.

　어쨌든 경찰관이 도둑질을 하는 세상이니까.

▶────────────────

☺중요한 한 마디

성공하는 사람의 시간 관리법

1. 시간의 사용방법을 분석해볼 것.
2. 시간 소비에 대해서 우선 순위를
　고려할 것.
3. 시간 분배를 잘 할 것.
4. 계획을 세울 것
5. 관리를 잘 할 것.

"나 같은 늙은이를 외국인으로 부르는 시대이다.
젊은이들은 결코 아군이 아니다."

젊은 사원은 적으로 취급하라.

얼마 전 어떤 회합에서 "쇼꾸다 씨도 외국인이네요."하는 말을 들었다. 이상하다고 생각하여 물어 보았더니 나 같은 메이지 태생의 인물을 두고 하는 말이라고 한다. 즉 젊은 무리와 시대가 다르고 사고방식, 살아가는 방법이 다르다. 따라서 말이 통하지 않으니까 외국인이라고 불리게 된 것 같다. 꽤 재미있는 표현이다.

확실히 지금의 젊은 사람들과는 이야기가 통하지 않는다. 잘 생각해 보면 이 현상은 어느 시대나 똑같은 것이 아니었을까?

메이지 태생인 나도 젊을 때는 나이든 사람들한테 "요즘 젊은 애들은…."하고 심하게 비판받거나 꾸지람을 받아온 것이 사실이기 때문이다. 에도 시대에도, 전국 시대에도, 그 전의 시대에서도 어느 시대에서나 연장자와 젊은이 사이에는 커다란 벽이 가로놓여 있다. 그것은 그것대로 좋지 않을까?

자기가 걸어온 길은 자기가 아니면 모르는 것이다. 그것을 강제로 젊은이들에게 알리려고 한다는 것은 무리한 이야기이다. 젊은이는 젊은이 나름대로 자기 길을 걷고 있는 것이다. 비록 걷지 않고 자동차로 다닌다고 해도 그것은 마음 대로이다. 그 대신 교통사고도 증가하고 있다. 젊은이들은 다른 염려는 하지 않는 것이다.

대체로 요즘의 사업가는 젊은이들을 지나치게 달콤하게 만든다. 젊은이들의 심리 등은 알려고 하지 않고 안 것처럼 기분 좋은 자세를 지나치게 취한다. 젊은이들에게 거꾸로 업신여김 당하는 것을 신경 쓰지 않는다.

나는 회사에서 젊은 사원들을 "적"이라고 생각하며 다루고 있다. 아군으로서 계산에 넣지 않기 때문이다. 아군으로서 생각하면 마침내 나의 있는 그대로가 나온다. 방심도 생긴다. 달콤함이 앞선다. 무엇이든 내가 생각하는 대로 일하고 있다고 착각한다. 나의 친척아이라거나 연고로 채용해 준 아이이니까 하고 안심하고 있으면 반드시 속인다. 속고 나면 인간이니까 화가 난다. 불만을 털어놓게 된다.

그것을 처음부터 적으로서 생각하면 화가 나지 않는다. 반대의 행동이 나와도 당연하다. 이 적에게 업신여김 당하거나 그렇지 않으면 적을 굴복시키고 복종시켜 내 생각대로 움직이게 할 수 있을까? 역시 회사내의 승부다. 그렇게 나누어서 젊은이들과 교제한다.

억지로 이해심이 많다는 포즈를 취하지 않는다. 평화주의자

같은 얼굴도 하지 않는 것이다. 적은 강한 쪽이 좋다. 이쪽도 신중해지기 때문이다. 약한 적은 아군으로 끌어들이는 경우 거치적거리게 된다.

강한 적은 아군이 되는 경우 훌륭한 아군이 된다. 적을 두려워할 것은 없다. 그 적을 어떻게 아군으로 만들 것인가?

그렇게 생각하며 젊은 사원들을 다루는 것이다.

☺중요한 한 마디

성공하는 사람의 에너지

1. 모든 일을 부정적으로 생각하지 말 것.
2. 부정적인 사고의 프로그램을 피할 것.
3. 에너지가 샘솟는 사람이나 프로젝트를 끊임없이 접할 것.

"온상의 야채나 과일은
온갖 풍설을 견뎌온 것과는 맛이 다르다."

광기의 사태, "응석받이 교육"

어쩐지 나는 민주주의라는 말을 좋아하지 않지만 기업에서
도, 가정에서도, 사회에서도 요즘은 민주주의의 잘못된 인간
평등관이라고나 할까, 기본적인 인권의 남용이라고 해야 할까,
어쨌든 관리자, 감독자가 젊은것을 힐책하지 않게 되었다.

학교에서도 선생이 학생의 머리에 알밤 하나만 주어도 바보
같은 치맛바람이 인권유린이라고 소란을 떨고, 촐랑이 같은
신문기자들도 금방 남의 말에 편승해서 대서특필하는 세상이
니까 어쩔 수 없는 시대인지 모르지만 나는 납득할 수 없다.

야단치는 것을 하지 않는 것 만이라면 몰라도 거꾸로 추어
올리고 아양을 떨어 젊은이한테 점수를 따야 한다고 생각하고
있는 패거리들이 많은 데에는 화가 난다.

진보적이라고 칭하는 대학교수들이 그 대표이다. 학생들에

게 자상하고 좋은 태도를 보여주는데도 불구하고 대학 분쟁에서는 전학련 무리들에게 감금되거나 해명서를 내거나 하는 칠칠치 못한 자들이 엄청나게 많다. 여성 상위, 마이 홈으로 부권(父權)은 실종되고 아버지는 월급 운반인으로 전락하여 아이들의 예의범절 교육에는 한 마디도 할 수 없는 상황이다.

기업도 마찬가지. 젊은 노동력이 부족하니까 "금달걀"처럼 애지중지하여 땅인지 진창인지 모르는 개구쟁이들에게도 초임금만 높여주고 3배, 9배 절을 하며 회사에 나오도록 하고 있는 실정은 바로 광기 사태라고 불러도 좋지 않을까?

민주주의라는 것은 모두가 평등하게 바보가 되는 것을 말하는 것이리라. 그런 주제에 입만 열면 인재육성이라든지 듣기 좋은 말만 늘어놓는다.

옛날부터,

1년을 키우려고 생각하면 꽃을 키워야 하고

10년을 키우려고 생각하면 나무를 키워야 하고

100년을 키우려고 생각하면 사람을 키워야 한다.

고 할 정도로 인재 교육은 그렇게 인스턴트 식품처럼 되는 것이 아니다. 그 때문에 평소부터 젊은이들의 교육에 심혈을 기울이지 않으면 안 되는 것이다. 때로는 냄새나는 비료도 주어야 한다. 냄새나는 비료가 야단치는 것에 해당할 것이다. 젊은이를 응석받이로 만들어서는 안 된다. 온실에서 키운 야채나 과일은 잘 생긴 모습은 갖고 있어도 자연의 풍설을 견뎌서 만들어진 것과는 확실히 맛이 다르다. 인간도 마찬가지이다. 젊은이를 적으로 생각하는 것과 마찬가지로 그 적을 아군으로 만들 수 있도록 교육만은 철저히 하지 않으면 안 된다.

"장기와 기업의 경영은 닮아 있다.
졸을 쉽게 죽여서는 장기를 이길 수 없다."

졸이 없는 장기는 진 장기

　장기를 두어본 적이 있는 사람은 알 수 있으리라고 생각하는데 장기에는 임금, 상, 말, 차, 포, 사, 졸 등 여러 가지 기능을 가지고 있는 조각들이 있다.

　어떤 조각은 중요하고 어떤 조각은 어찌되든 좋다고 하는 것은 없다. 그러나 졸은 수가 많기 때문에 가볍게 생각하기가 쉽다. "하수 장기는 왕보다 차를 귀중히 여긴다"고 할 정도로 조롱이 깃들어 있으니까 하수자는 간단히 졸을 죽여 버린다.

　하지만 전문가에게 들어보면 졸 사용방법에 따라 상수, 하수로 그 사람의 힘을 알 수 있다고 한다. 하수자의 장기를 볼 경우, 졸 사용방법만 보고 있으면 거의 그의 실력을 추정할 수 있다는 것이다.

　예를 들면 차는 똑바로 어디까지든 나아갈 수 있는 능력을 가진 조각이다. 상대도 그 능력을 알고 있다.

그러니까 본래는 계속 대기시켜 놓아두는 조각이다. 그것을 하수자는 금방 사용하고 싶어서 걸림돌이 되는 아군의 졸을 간단히 죽여 버린다. 말도 기동부대이지만 무턱대고 움직여서 "말 널 뛰듯 한다."는 속담대로 죽여 버린다.

조각에는 제각기 장점과 단점이 있다. 그것을 조합해서 잘 사용하는가 못하는가가 실력으로 나타나는 것이다. 어쨌든 하수자의 손길은 결점이 있는 패를 결점대로 사용하니까 곧 죽어 버린다. 그리고 차나 포처럼 사용하기 쉬운 조각만 사용해서 져 버린다. 졸은 결점 투성이 이지만 "졸 없는 장기는 진장기"라고 알려질 정도로 그 사용방법이 어렵다.

결국 졸이라는 것은 기업으로 말하면 젊은 사원이라는 말이 될 것이다. 그 결점이 많은 젊은 사원을 잘 사용할 수 없다면 역시 승부는 져 버린다. 장기 조각을 움직이는 방법도, 기업에서 사람을 움직이는 방법도 결국은 마찬가지이다.

장기에서 조각을 움직이는 경우 아무 생각 없이 움직이면 적을 공격하기는커녕 아군의 걸림돌이 되어 버린다. 소위 죽은 조각이 되어 버린다.

장기가 강하게 되기 위해서는 각 조각의 결점을 보충하고 장점을 펼쳐 죽는 말을 만들지 말고 팀워크로 각 조각을 움직여 나가는 것이 비결인데, 마찬가지로 기업에서 사람을 움직이는 방법과 닮아 있다.

명인의 기보를 보면 종국에는 졸 하나까지도 모두 참가시켜 전력을 경주하여 승리의 기쁨을 맛보는 것이라는 사실을 잘 알 수 있는데 거기까지 이르기 위해서는 역시 많은 수련이 필요한 것이다.

"마차를 만드는 목수는 사람이 모두 고관이 되기를 바라고
관을 만드는 목수는 고관이 빨리 죽기를 바란다."

노사 모두 "돈 때문에"
勞使

옛날 부자나 고관이 마차를 타고 대로를 다니고 있던 시절
에 마차를 만드는 목수는 사람들이 모두 부자나 고관이 되었
으면 좋겠다고 생각하고 있었다. 그 반대로 관을 만드는 목수
는 부자나 고관이 빨리 죽으면 좋겠다고 바라고 있었다.

마차 목수가 선인이고 관 목수가 악인이기 때문이 아니다.
사람들이 영달하는데 따라서 자기의 장사에 이익이 올라가고
사람들이 불행하게 되는데 따라서 자기의 이익이 올라가기 때
문이다.

교통사고가 없었으면 하고 생각하면서도 사고처리점의 레카
차 주인은 사고가 없으면 곤란하고, 백화점의 경영자는 노동
조합의 임금 인상은 곤란하다고 말하면서도 실제는 그 힘으로
베이스 업, 보너스의 대폭 지급과 소비경기를 지속시키기 위
하여 내심은 기뻐하고 있다.

경마의 기수가 말을 귀여워하고 있다고 해도 정말로 좋아서 귀여워하는 것이 아니라 승부에 이기기 위하여 상품으로서 손길을 주고 있는데 지나지 않는 것이다. 즉 인간은 모두 자기 본위, 자기가 사랑스럽고, 자신의 이익을 주로 해서 살아가고 있는 것이다.

종업원이 "회사를 위하여"라고 해도 결국 "회사를 위하여"는 최후로 자기를 위한 것이 된다는 것을 생각하고 있는 것이니까 그렇게 말한다고 해서 특별히 감격할 정도는 아니다.

오히려 이렇게 딱 잘라서 일하는 편이 좋다. 회사를 위한 것이 아니라 나 자신을 위하여 일한다. 그 편이 자연스럽고 당연한 것이다.

전쟁이 끝나기 전까지 일본에서는 개인의 생활 방식에서도 장남은 집을 계승하는 것으로서 집에 묶여 있었다.

기업도 그와 같은 사고방식으로 "충신 2군 불사(忠信二君不仕)"라는 관점에서 한번 취업한 이상 어떤 일이 일어나도 그 기업에 충성을 바치는 것이 요청되었다. 종신고용, 연공서열 임금이 체계화했다. 사용자와 사용받는 자는 친자관계, 가족관계로 결합되어 있었던 것이 일본식 경영의 미덕이라고 알려져 왔다.

그것이 전후 맥아더 헌법으로 바보 같은 노동법이 생기고 노사 대등(勞使對等), 스트라이크 자유의 세상이 되었는데도 불구하고 아직 미덕시대의 꿈을 잊지 않고 "회사를 위하여" 열심히 해달라고 부탁하고 있다.

아무리 부탁하더라도 지금의 노동인들은 기분이 나쁘거나 저쪽의 월급이 많으면 재빨리 그만두어 버리는 인종이다. 상대가 드라이하니까 경영자도 드라이하게 딱 잘라야 하는 것이다.

회사를 위하여 일하지 않아도 좋다. 자신을 위해 일해 보라. 회사는 그 능력을 사서 돈을 지불한다. 그 대신 능력이 없는 자는 그만두어라. 앞으로의 사람 사용은 프로야구에서 야구 선수와 계약 체결하는 식이 될 것이다. 월급도 많이 주지만 자르는 것도 자유라는 식으로.

☺중요한 한 마디

성공하는 사람의 결단

1. 대채안을 모두 리스트로 만든다.
2. 그 내용을 요약한다.
3. 모순을 끄집어내기 위하여
   자신의 가치를 명확히 한다.
4. 문제와 결단을 주의 깊게 떠나서
   생각한다.

"상벌의 권한은 무슨 일이 있더라도
자기가 갖는 것이다."

당근만 먹이지 말아라.

　당근과 채찍……이것은 옛날부터 말을 조련시키기 위한 말
로서 알려져 있지만 인간의 경우도 이와 마찬가지이다.

　당근은 말이 좋아하는 음식물이고 채찍은 말이 가장 싫어하
는 것이다. 말이 말을 잘 듣도록 부리기 위해서는 이 성질을
이용하여 말이 명령을 따르면 당근을 주고 명령을 어기면 채
찍을 댄다. 말은 채찍보다 당근 쪽이 좋으니까 조금씩 괴로워
도 기수의 명령에 따르게 되고 마침내 기수의 마음에 드는 행
동을 해서 당근을 기대하게 된다.

　나도 군인일 때 하물차를 끌어 말을 다룬 경험이 있는데 말
이라는 동물은 상당히 영리한 동물로 인간을 잘 알고 있다.
온순한 말이라도 낯선 녀석이 벌벌 떨면서 타면 일부러 난폭
해져서 흔들어 떨어뜨려 보거나 아무리 고삐를 잡아끌어도 모
른 체하고 자기가 좋아하는 쪽으로 가 버린다.

난폭하고 나서 당근을 주면 일단은 온순해지지만 잠시 지나면 다시 난폭하게 나온다. 그것도 그렇다. 난폭하면 또 당근을 줄 것이라고 생각하기 때문이다. 지금의 노동자들이 하는 "춘투(春鬪)"등도 이와 마찬가지이다. 스트라이크로 난폭해지면 당근을 준다. 경영자는 채찍을 주지 않고 당근만을 계속해서 주어 왔다.

당근을 지나치게 주어서도 안 된다. 채찍만도 안 된다. 조교는 이것의 쓰임을 나눈다. 기업으로 말하면 이 쓰임 나누기가 바로 상벌에 해당한다. 사람을 다루는 경우, 중요한 것은 이 당근과 채찍에 해당하는 상벌을 주는 방법이다. 전국시대의 무장들의 예를 보는 것이 좋다. 그들은 통솔을 위하여 실로 자주 상벌을 사용하고 있다.

중요한 것은 그 상벌의 권한을 다른 사람에게 맡기지 않고 스스로 장악하고 있는 것이다. 말이든, 사람이든 제일 무섭고 기뻐하는 것은 채찍과 당근을 주는 사람으로 그 이외의 사람은 관계가 없기 때문이다.

옛날 중국의 어떤 나라에서 있었던 이야기이다.

"공을 칭찬하거나 포상을 하는 것은 사람들이 좋아하는 것이니까 국왕 스스로 하지 않으면 안 됩니다. 죄를 벌하고 처형하는 것은 사람들이 싫어하는 것이니까 나에게 맡겨 주십시오."하고 신청한 남자가 있었다. 국왕은 그 말대로 대신을 처형하는 경우에는 모두 그 남자에게 맡길 것을 포고했다. 그렇게 하자 대신을 비롯하여 아래에 있는 사람들은 그를 무서워하여 그를 따르게 되었다. 이윽고 일 년이 지났다. 그 남자는 국왕을 죽이고 정권을 빼앗았다. 인간이란 이런 것이다.

"경영자는 언제나
엄정하고 파괴적인 힘을 보여 주어야 한다."

알을 낳지 못하는 닭은 죽여라.

손자 병법이라는 것이 있다. 어느 때 오(吳) 나라의 국왕이
그를 초청하여 술자리에서 농담으로 "이 궁전의 미녀들을 이
용하여 선생의 멋진 병법을 보여 주실 수 있습니까?"하고 어
려운 문제를 내걸었다.

손자는 별로 곤란한 표정도 없이 느릿느릿 광장으로 내려가
모여 있는 미녀 180명의 궁녀들을 동서 2군으로 나누고 국왕
이 총애하는 둘째, 셋째 부인을 각각 양군의 대장으로 임명했
다. 손자는 이 양군에 대해서 전진, 후퇴, 왼쪽 전개, 오른쪽
전개 등 초보적인 훈련을 여러 차례하고 마침내 본 연습으로
들어갈 것을 선언했다.

손자가 "동군은 오른쪽을 향하여 바꾸고, 서군은 왼쪽으로
전개하라!"하고 호령을 했지만 그녀들은 술자리의 여흥으로
생각했기 때문에 킥킥 웃으며 움직이지 않았다.

그래서 손자는 다시 기본부터 다시 가르치고 "이번 명령에 따르지 않는 자는 목을 벤다!"하고 말하고 크게 소리를 질러 다시 호령을 내렸다. 결과는 마찬가지로 그녀들은 다시 킥킥거리며 웃기 시작했다.

손자는 양군의 대장인 두 사람의 왕비를 꽁꽁 묶어서 "참(斬)하라!"하고 명했다. 두 번째의 설명을 한 뒤 "이번에 명령을 따르지 않는 자는 참한다."하고 이미 말했던 것이다. 호령에 대한 동작은 충분히 가르쳤다. 군율(軍律)이 엄한 것도 이야기해서 들려주었다. 알고 있듯이 병이 움직이지 않는 것은 대장의 태만이고 명령 위반이다.

국왕이 놀래서 멈추려고 했지만 국왕은 장군의 작전에 간섭해서는 안 된다고 받아들이지 않고 재빨리 두 사람의 목을 쳐버렸다.

궁녀들은 파랗게 질렸다. 그로부터는 말할 것도 없이 모두 손자의 호령대로 정연히 자유자재로 전개동작이 펼쳐졌다고 한다.

손자의 병법뿐만 아니더라도 위에 선 자는 이 정도로 명확하게 처단할 수 있는 기개를 갖추지 않으면 안 된다. 은혜와 정으로 사람을 움직이는 "심복(心腹)"이라는 것이 있지만 때로 엄벌을 가해서 "복종시키는 권위"의 효과도 알고 있지 않으면 안 된다.

노사관계 등은 이야기를 맞추어서 그럭저럭 원만하게 라는 식으로 말하고 있지만 그것은 힘의 대결이다. 경영자가 언제나 엄정하고, 지배자로서의 파괴력을 보여주지 않으면 깔보고 올라서려고 한다. 관리직이든, 조합원이든 나쁜 녀석, 무능한 녀석은 어쨌든 이유를 붙여 목을 잘라 버리지 않으면 안 된다. 도움이 되지 않는 녀석을 은혜나 정을 베풀어 둘 만큼 여유가 있는 기업이라면 모르지만.

기업은 유원지가 아니다. 입장료를 받는 것도 아니고, 학교처럼 수업료를 받는 것도 아니다. 월급을 지불해 주는 곳이다. 알을 낳지 않는 닭은 죽여 버려야 한다.

▶————————————————————

☺중요한 한 마디

인생의 위대한 등산가들의 마음가짐

1. 그들은 모두 사명감에 불탔다.
2. 위대한 대의명분(목적)이 있었다.
3. 판단력이 정확했다.
4. 그들은 용기가 있었다.

제 8 장

국민의 피를 빨아먹는 독벌레들

"1억분의 1의 주권은 없는 것과 마찬가지이다,
돼지라도 숫자가 많으면 당선되니까"

지금의 정치는 돼지가 당선한 것 같다.

민주주의 정치는 "바보 대중 정치(愚衆政治)"라는 것이다.

어째서 그러냐 하면 세상에 제일 많은 것이 바보다. 그 바
보의 한 표 한 표가 모여서 다수결로 당선되기 때문에 바보밖
에 당선되지 않는다. 지금의 정치가 가운데 바보가 많은 것은
당연한 것이다.

가령 동물의 세계에서 선거가 있다고 한다면 어떤 동물이
당선할 것이라고 생각하는가? 돼지이다. 돼지가 당선한다. 쥐
라고 말해도 좋을 것이다. 쥐 쪽이 수가 많다면 쥐로 해도 좋
다. 닭이라도 괜찮다. 요컨대 돼지의 숫자가 많으면 돼지가 당
선한다는 것이다.

정말로 당선하고 싶은 백수의 왕 라이온은 아무리 힘이 있
어도 수가 적기 때문에 당선할 수 없다. 호랑이도, 코끼리도
낙선이다. 이래서는 훌륭한 정치도, 정치가도 나올 수 없지 않

을까? 나까소네(中曾)라고 하는 정치가, 이 원리도 모른 채 "수상 선거"라고 출랑거리는 말을 지껄이고 있다. 돼지 수상을 만들어서 어떻게 할 작정인가?

전날 운수장관실에서 그와 만났을 때 즉각 그만 두라고 충고해 주었다. 그러고 보니 요즘 기차의 창에서 보이던 "수상직선"의 입 간판이 보이지 않는 것 같다. 저 녀석도 조금은 이해했다고 보인다.

어쨌든 민주주의라는 것은 이런 것이다. 주권 재민(主權在民)이라고 하면 듣기는 좋지만 1억분의 1의 주권으로는 없는 것과 마찬가지가 아닌가? 있는 것처럼 착각하고 있을 뿐이다.

그것이 많이 모여서 제각각 돼지 목소리를 지르고, 닭의 울음소리를 펼치고 있는 것이니까 뭉칠 수가 없다. 결국은 수가 많은 돼지들의 세계가 될 수밖에 없는 시대이다.

지금은 일본에서도 노동인의 수가 제일 많다. 그 노동인의 대표로 정치가도 태어난다. 법률의 원안을 만드는 공무원도 노동인, 그것들을 전하는 신문기자도 노동인, 무엇이든 노동인이 점하고 있다. 기업의 경영자이고 사장이라는 명함을 갖고 있어도 대부분은 고용된 마담의 노동인이라고 해도 된다.

이 노동인을 바보로 해서 표를 모으지 않으면 정치가가 될 수 없으니까 성실한 사람이 정치가를 지망할 수 없다. 더구나 정치에는 돈이 든다. 매수, 향응, 강압 등 온갖 위반을 하지 않으면 당선될 수 없다.

그 점은 사회당, 공산당 등 노동인들의 선거도 마찬가지이다. 지금의 정치가가 바보인데 천치라고 말해 보아도 소용이 없다. 구조가 그렇게 되어 있는 것이고 선거 방법도 바보 같은 것이니까.

 필경 바보 대중 정치는 앞으로도 계속 될 것이다. 그리고 갈 때까지 가야 할 것이다. 그리고 그때 다른 제도가 생길 것이다. 역사는 언제나 반복하는 것이니까.

▶━━━━━━━━━━━━━

☺중요한 한 마디

어느 등산가의 묘비명

"그는 사치하게 죽지도 않았고,
안일하게 죽지도 않았고,
태만하게 죽지도 않았고,
쓸모 없이 죽지도 않았고,
그는 등산으로 죽었도다."

"사업가는 정치가가 되는 것이 아니라
정치가를 부려야 하는 것이다."

정치가는 되는 것이 아니라 부리는 것이다.

정우회(政友會)의 원외단체를 하고 있던 때의 일이다.

당시 정치가라는 것은 지금의 정치가와 달라서 가난뱅이의 견본 같은 것이었다.

이도베이(井戶塀) 정치가라는 말이 있다. 이것은 정치를 위하여 돈을 사용한 결과로서 주의해 보면 우물과 담밖에 남은 것이 없다는 점에서 이 이름이 붙여졌다. 국사(國士)라고 자칭할 정도로 옛날 정치가는 정말로 잘 했다. 그런데 지금의 정치가들은 반대로 재산이 남아도는 것이니까 어처구니없는 것이다.

그것은 어쨌든 당시의 정우회 후꾸시마현 지부는 회비가 모이지 않아서 곤란을 겪고 있었다.

어느 날 현의 간사장이 찾아와서 "쇼꾸다 씨 회비 모으는데 협력해 주게"라고 했다. 그렇게 모금 실적이 나쁜가하고 물었더니 대의원이 제일 나쁘다. 한푼도 들어오지 않았다고 한다.

그것은 괘씸하다. 좋다, 나도 협력하겠다고 말하고 먼저 구쓰데끼젠헤이에(屈切善兵衛)의 곳으로 갔다.

그런데 쌀쌀하게 인사를 하고 불쌍하게 현관 축출을 당하게 되었다. 나도 없는 돈을 몽땅 털어 동경으로 나갔던 것이다. 특별히 강매나 걸식을 하는 것도 아닌데 은근히 부아가 치밀었기 때문에 비장의 칼을 뽑아들었다.

"선생, 이게 무슨 일인가? 장래 장관이라도 될 만한 정치가라고 생각하니까 머리를 낮추어서 부탁하고 있는 것이다. 자신의 현 지부에 그 정도로 회비를 지불하는 것이 애석한가? 그렇다면 이제 부탁하지 않는다. 그 대신에 다음 선거는 각오해 둬라!"

간사장은 파랗게 질려서 "저, 저, 쇼꾸다 씨 좀더 냉정히…" 하고 소매를 잡아끌었지만 나의 기세에 눌렸는지 구쓰데끼젠헤이에도 속으로 놀라서 주섬주섬 돈을 갖고 왔다. "반만 양보해 주게" 나는 승낙하지 않았지만 간사장은 내놓기가 무섭게 그 돈을 가방에 담아 버렸다.

그리고는 다음으로 나까노도라요시(中野寅吉)을 방문했다. 통칭 반트러라고 불리며 국회의 야차(野次) 장군으로서 유명했다. 작은 집이었다.

"여, 잘 왔네. 올라오게, 올라와. 멀리서 오느라 고생했겠네. 무슨 일인지 모르지만 한 잔 하세.'

기분 좋은 남자로 술을 권하며 따르면서 "모은 돈 중에서 얼마쯤 빌려주지 않겠나?"

위에는 위가 있는 법이다. 그러나 저 때는 정치가가 모두 가난하고 어딘가 멍청한 맛이 있었다. 나는 젊었을 때부터 온

갖 정치가들과 교제해 보아서 알고 있지만 정말로 정치가는
되지 않겠다고 생각했다.

사업가는 정치가가 되는 것이 아니다. 정치가를 부리는 입
장이 되어야 하는 것이다.

◄────────────────────────────

☺중요한 한 마디

성공한 사람의 태도

물의 흐름이, 제 마음대로 흐르기 위하여
골짜기 전부를 지배하려면, 물은 그 골짜기보다
낮게 될 필요가 있다.
사람들을 인도하려면 사람들의 앞에서가 아니라
뒤에 서지 않으면 안 된다.
실은 자기들보다 훨씬 앞서 있는 것이지만
사람들은 그것을 거북하게 생각지 않는다.

<노　자>

"오줌누는 소년"의 동상 소년도
고추를 자꾸 만지면 커진다.
모두 주물럭거리니까 물가라는 물건도 커지는 것이다."

나의 선거는 취미와 실익이다.

정치가가 되지 말아라, 사용하는 입장이 되라고 말한 내가 어째서 시장 선거나 참의원 전국구 선거에 나왔는가 그 이유를 묻고 싶을 것이다.

그건 뭐냐, 취미와 실익을 겸한 놀이이다. 나는 젊었을 때부터 고생해서 자랐기 때문에 특별한 취미는 갖고 있지 않다. 만일 그것도 취미라고 한다면 술과 여자, 상대를 곯리는 것이다.

곯린다고 해서 이 사람 저 사람 가리지 않고 하는 것이 아니라 나쁜 녀석, 강한 녀석으로 누구든 억울하나 울며 겨자 먹기로 참아야 하는 것 같은 녀석에게 일격을 가하는 것을 즐기고 있다.

권력의 자리에 책상다리를 하고 앉아 있는 녀석 등 멋진 먹이이다. 나의 향리의 시장도 그런 한 사람이다. 그를 곯리기

위해서는 입후보해서 어쨌든 표를 모아서 낙선시키지 않으면
안 된다.그것이 목적이다. "명주와 불씨는 뒤적일수록 좋다."라
는 속담이 있지 않은가?

　운동원이 얼굴이 든 포스터를 만들자고 말해서 나는 바보와
같이 되면 곤란하니까 사진은 일체 사용해서는 안 된다. 나의
주장을 필기해서 읽는 포스터를 만들어라. 한번에 모두 만들
지 말고 2회, 3회 나누어서 벽 신문으로 사용하는 것이다.

　재미있는 내용이니까 인기가 올랐다. 이런 방식이 선거이다.
덕분에 나는 보기 좋게 낙선했다. 나의 운동원들은 기뻐서 "낙
선만세"를 3창했다.

　이 경험을 토대로 해서 이번에는 참의원 선거에 입후보해
보았다.

　중의원은 아주 일부의 선거구뿐이고 전국에 포스터가 붙지
않는다. 정치가들을 곯리는데 효과가 별로 없다. 어쨌든 텔레
비전의 정견방송도, 신문광고도, 엽서도 전부 국가의 비용으로
해주니까 고맙다. 나도 충분히 세금을 냈으니까 그 경비를 받
아서 사용해도 천벌은 받지 않을 것이다. 어쨌든 내 포스터는
재미있으니까.

　"오줌싸는 소년은 분수의 곁에 서 있으면 그저 소년이지만
만일 저렇게 고추를 만지작거리고 있으면 점점 커져 버린다.
지금 스스로 자기의 귀중한 물건이 점점 커진데 아주 놀랄 것
이다. 일본의 경제도, 이것도 아니고, 저것도 아니라고 만지작
거리니까 물가라는 귀중한 물건이 크게 부풀어올라 버린다…."

　이런 투였던 것 같다. 다음의 포스터는 언제 나오느냐고 사
무실로 문의가 쇄도할 정도였다.

실익은?

그것은 장례식에서 하는 조의금 반환과 같은 것이다. 내가 지금까지 선거에 나온 녀석들에게 충분히 진중 위문을 했다. 이번에는 그것을 바꿔 받을 차례이다. 맞지 않는 녀석에게는 사자를 파견해서 재촉해 주었다. 덕분에 즐거움이 있었고 충분한 거스름돈이 돌아왔다.

▶─────────────────

☺중요한 한 마디

노동은 신이 주신 축복

부유한 사람이건, 가난한 사람이건,
또는 강한 사람이건, 약한 사람이건,
일하지 않는 자는 배척되어야 한다.
모든 사람은 참된 기술을.
즉, 제각각 할 수 있는 노동을
배우지 않으면 안 된다.

<롯 소>

"관적, 정적, 노동적, 나는 이것을 3적이라고 부른다."

"공복(公僕)"이라고 지껄이는 관의 도둑들

옛날 하꼬네(箱根)의 산에 산적(山賊)이 나와서 선량한 사람들을 고생시킨 이야기는 여러분들도 잘 알고 있을 것이다. 그 산적이 소화의 시대가 되었는데도 아직도 횡행(橫行)해서 사람들을 곤란하게 만들고 있는 것이다.

산적이라고는 해도 글자가 조금 다르지만. 3적(三賊)이라는 녀석들이다. 즉 관적(官賊), 정적(政賊), 노동적(勞動賊) 이것을 나는 3적이라고 부르고 있다. 어쨌든 일본을 나쁘게 하고 있다. 미워해야 할 도적들이다.

먼저 관적(官賊)부터 말해 보자.

이 녀석들은 옛날로 말하면 탐관오리(貪官汚吏)이다. "사농공상(士農工商)"의 계급이 아직껏 남아서 농공상의 위에 책상다리를 하고 있는 사 계급(士階級)이다. 형태는 "공복(公僕)" 등으로 지껄이고 있지만 그런 태도는 전혀 보이지 않는다. 본래는 우리들이 피를 짜는 세금을 내서 녀석들을 고용하고 있는 것이지만 현상은 그 반대이다.

니혼마쓰(二本松)의 시 성곽에 "계석명(戒石銘)이 있는 것을 알고 있을 것이다.

爾俸爾祿　(너의 봉, 너의 록)
民膏民脂　(백성의 고혈 백성의 기름이도다)
下民易虐　(하민은 괴롭히기 쉽고)
上天難欺　(하늘은 속이기 어렵다.)

라고 새겨져 있다. 그 의미는 너의 봉급은 백성의 땀과 기름의 결정이다. 그러니까 백성을 잘 받들지 않으면 안 된다. 만일 그렇지 않고 백성을 괴롭게 하면 반드시 하늘의 노여움이 떨어질 것이다. 이런 것이다.

이것은 니혼마쓰번주 아까하네다까간(7대)이 번의 학자, 이와이다사꾸히의 헌책에 의해서 청사(廳舍) 앞의 자연석에 정치개혁과 기강(紀綱), 숙정(肅正)의 지침으로서 세운 것이다. 지금의 정치가나 고급관료들 중에서 이 정도의 지침을 제시한 녀석이 있는가?

강대한 국가권력을 배경으로 한 고급관료들의 부패는 차마 눈을 뜨고 볼 수 없을 정도이다. 특정한 정치가의 수하가 천하의 앞을 다투는 대기업과 짝 달라붙어서 눈을 국민의 쪽으로 돌리지 않는다.

나는 버스 관계로 운수성의 공무원들과 접해 보아서 그 뒷움직임을 잘 알고 있기 때문에 분명하다. 그것에 대해서 곪리는 녀석이 너무나도 지나치게 적다.

지난 날, 참의원으로 전국구에 입후보했을 때 경력은 어떻게 했으면 좋겠느냐고 해서, 나는 조악한 운수행정 때문에 노동쟁의에 휘말려 부패혼란의 극에 달한 후꾸시마 교통에 대해 회사 해방론을 주장하여 운수성과 대결한 남자라고 써 두라고 지시한 것도 나 나름대로 관공서에 대한 도전이다.

확실히 관료망국, 관료 폭력국이다. 더욱이 관료와 싸우지 않는 나라는 잘 되지 않는다.

▶━━━━━━━━━━━━━━━━

☺중요한 한 마디

경험을 살아있는 교육

세 가지 방법에 의해서 우리는 예지에 도달할 수 있다. 첫째는 사색의 길인데, 이것은 가장 높은 길이다. 둘째는 모방의 길인데, 이것은 가장 쉬운 길이다. 그리고 셋째는 경험의 길인데 이것은 가장 고통스러운 길이다.
그런데 사업의 길은 경험의 길이다.

<공　자>

"노동자의 천국은 사회주의라고 한다.
사회주의는 자유도 없고, 스트라이크 권한도 없다."

소련, 중국에 스트라이크 권한이 있는가?

　미국에 점령당하고 맥아더의 지령으로 헌법이 세워지자 일본의 사회제도가 근본적으로 개혁되었다. 그 공적은 여러 가지가 있겠지만 죄 쪽에서 제일 무거운 것이 노동 3법이라고 불리는 법률이다.

　미국 학자들이 일본을 실험대로서 이상적인 노동 관계의 법률을 만들려고 했기 때문이거나, 미국은 "후지산, 게이샤 걸, 할복"의 저개발국으로 이 정도의 법률을 만들지 않으면 일하는 녀석들이 곤란할 것이다.

　또는 스트라이크를 많이 일으키게 하여 일본의 생산 저하를 노린 것이 참뜻이었거나 입법의 취지는 사람에 따라서 가지가지이다.

　결과는 미국의 대 실책. 노동자가 만연하여 결국에는 반미 투쟁의 유력한 투사를 길러 버렸다. 사육한 개에게 손을 물린

격이라고나 할까?

구미를 보라. 실업자가 넘친다. 능력주의를 취하니 월급도 높다. 그 대신 능력이 없으면 간단히 목을 친다. 일본은 바보라도, 조금 모자라도 자르지 않는다. 합리화를 도모하면 합리화 반대. 권리만을 주장하고 의무는 관계치 않는다. 경영자는 보호받지 못하고 노동자만은 과보호.

일본은 노동자 천국이다. 소련이나 중국의 사회주의, 공산주의가 노동자들이 갈망하는 나라라고 하는데 그렇지 않다. 일본만큼 노동자가 우대 받고 있는 나라는 없다.

소련이나 중국에 스트라이크가 있는가? 붉은 기를 들고 "나가자!"하고 저급한 노동가를 부르며 놀고 있는 노동자가 있는가? 경영자나 정치가의 악담을 말하는 자유가 있는가? 칼라텔레비전을 사거나 자동차를 타고 다니는 노동자가 있는가?

회사에 들어와서 2, 3년된 애송이가 생활 경험도 없는 채 조합의 간부가 되어 "계십니까?" 하며 태평히 나와 만나려고 한다.

"너희들이 경영을 아는가?"하며 쫓아내 버린다.

옛날 비예산(比叡山)의 승병들이 대로상에서 하극상을 벌인 말세와 닮아 있다.

후꾸시마 교통의 스트라이크 때 총평의장(總平議長)이나 사철총연(私鐵總聯)의 위원장 등 일본의 노동계 거두들이 찾아왔는데 그들은 힘있는 노동 귀족이었다.

노동자들 가운데서도 새로운 상류계급이 생기고 있는 것이다. 그들의 우아한 생활은 말단의 노동자들에게 알려져 있지 않을 것이다. 어느 시대나 노동가를 부르거나 궁둥이를 들고 일어난 무리는 그 조직에 이용되고 있을 뿐이다.

노동자들이 자유분방한 상태를 계속 유지한다면 결국 일본의 경제는 엉망진창이 된다. 마지막으로는 노동자의 내각이 생기겠지만 이것으로는 도저히 안 된다. 결국, 자유를 속박 당하고 스트라이크도 없다. 통제경제의 전체주의가 부활한다. 바보는 죽이지 않을지 모르지만 죽음도 모르는 녀석들이다.

☺중요한 한 마디

두뇌를 써서 살아라.

두뇌만 써서는 배가 부를 수 없다.
어떤 집 정원으로 두 사나이가 찾아왔다.
학자는 곧 나무의 가격을 계산하기 시작했다.
사업가는 곧 집 주인과 친해지고.
나무 그늘로 가서 과일을 배부르게 먹었다.
과일을 선용하도록 하라.

"3적은 국민의 수족을 묶어놓고
생피를 빨아먹으며 살아가고 있다."

3적들을 해 치워라

3적이 나쁘다는 것은 알고 있지만 이 3적 퇴치는 어렵다.

먼저 그들의 생태를 잘 연구하지 않으면 안 된다. 관적이란 법률, 법령, 규칙이라는 거미집을 무기로 해서 선량한 국민의 수족을 꼼짝 못하게 묶어놓고 그 생피를 빨아먹는다. 소인배들의 집단이다. 이 집단은 사는 장소에 따라서 대장 관적(大臟官賊), 통산 관적(通産官賊), 운수 관적(運輸官賊)이라고 이름이 바뀐다. 거미집을 넓히는 것을 보면 정말로 머리가 좋은 종족이다. 우는 소리는 없지만 그 결속력은 무서운 것이다.

결속하면, 정적(政賊), 노동적(勞動賊)들조차 때로는 손도 발도 내놓을수 없게 만든다. 그 가운데는 정적으로 전환하여 그 우두머리가 되는 녀석들도 있는가 하면 노동적과 결탁하여 그 두목이 되는 녀석도 있다. 정적은 정계에 파벌이라는 요새를 만들고 그 구멍에서 산다. 언제나 꽥꽥 소동을 피우고 자기 요새만을 크게 키우려고 한다. 세력권 다툼의 격렬한 정치꾼들의 집단을 가리킨다. 머리는 좋지 않지만 그 목소리가 크기 때문에 머리 좋은 관적들도 압도할 힘을 갖고 있다. 단지 돈을 실컷 먹는 도적들도 있으니까. 세모 밤 비밀리에 재계를 방문해서 걸식하듯이 돈을 받고 다닌다. 그러니까 재계나 금맥에 약한 습성을 가진 종족이다.

노동적이란 전후 급속히 커진 종족으로 빨간 색을 좋아한다. 제 잇속만 차리는 자들의 집단이다. 3적 가운데에서는 가장 머리가 나쁘고 정도도 낮은 종족으로 오히려 다루기 힘들다. 개구쟁이처럼 자신의 기분 상 좋은 것만 통하고 결과가 어떻든 눈꼽만큼도 생각지 않는다. 자기 욕심이 통하지 않으면 곧 스트라이크로 들어간다. 다만 이 종족의 특징은 한줌의 보스, 직업노동꾼이라고 불리는 노동귀족에게 지배받고 그의 명령으로 움직인다는 것이다. 그다지 깊게 생각도 않고 지령대로 금붕어의 똥처럼 붙어서 돌아다니고 있을 뿐이다. 요컨대 시야가 좁은 적들이다.

나는 이 3적들과 과감히 싸워왔다. 이 3적들이야말로 국가의 생명을 좀먹는 원흉들이다! 이렇게 외치면서 싸워 왔지만 많은 세력 앞에 세력이 없어 안 되었다. 중과부적이라 적을 압도시켜 멸망시킬 수 없었다.

아군이 되어야 할 사업가들도 적에게 둘러싸여 덩달아 춤추고 있으니까 말이 되지 않는다. 더욱이나 사업가라고 해도 3등 중역, 노동적 출신을 고용한 마담이 관적 출신의 주인 밑에서 지내는 경우가 많으니까 이것 또한 하는 수 없는 것이다. 그러나 대장부는 쓰러지더라도 끝까지 한다.

"3적을 이용하거나 무찌르는 방법은 뇌물이다."

길들인 잉어는 길들인 새우로 잡아라.

3적을 무찌르거나 이용하는 좋은 방법은 뇌물이다. 돈이나 물건을 상대에게 주어서 이쪽의 희망을 실현시킨다.

곤란한 것을 부탁하거나 실현시키는 것이니까 그 운동비, 그 답례를 내놓는 것은 당연한 것이 아닐까? 그 대신 실현되지 않았다면 돌려 받는 것도 당연한 것이다.

다만, 정치가나 관료, 노동귀족들은 뇌물을 받거나 향응 받거나 하는 것이 금지되어 있다. 하지만 그들도 인간이다. 누구에게나 욕심이 있다. 금욕, 색욕은 또한 각별하다. 상업상 전략으로 이것을 이용하지 않을 수 없다. "호랑이 굴에 들어가지 않고는 호랑이를 잡지 못하는 법"이니까.

아사노나이이소즈처럼 요시노우에노가이에게 뇌물을 인색하게 내놓아 칼부림사태를 일으켜 집안이 단절되어서는 원금도 이자도 없다. 사업가로서는 낙제이다.

나는 뇌물용으로 과거에 몇 갠가 금으로 만든 차를 끓이는 솥을 갖고 있었다. 목적한 상대를 함락시키거나 혹은 우리 진영으로 끌어들이기 위한 도구로서 적당한 것이었다.

한 개에 3백만엔 가까운 것이니까 받은 쪽은 눈이 둥그래진다. 이것이 2, 30만엔 짜리 선물이라면 상대도 놀라지 않는다.

깜짝 놀라게 해서 이쪽의 장사 전략에 편승시키는 것이다. 표면은 깨끗한 척해도 그들은 그런 인간이다.

장사 전략상 선물은 결코 째째해서는 안 된다. 그 이상의 결과가 돌아오면 싼 것이 아닐까? "새우로 잉어를 잡는다"라는 근성으로는 안 된다.

그것은 바로 복권도 사지 않고 일 등을 바라는 것과 마찬가지이다. 그런 것으로는 언제까지 있더라도 잉어를 잡을 도리가 없다.

그러나 여기까지는 하려고 생각하면 누구라도 할 수 있다. 문제는 이때부터이다.

필요에 따라서는 실을 당기면 새우가 슬슬 자기 옆으로 돌아오는 장치가 있다. 3적들은 앞에서 이야기한 것처럼 뇌물이 표면에 나오는 것을 곤란하게 여긴다. 목이 떨어지기 때문이다. 장어구이의 냄새처럼 주위에 그런 소문을 내 주면 공손히 새우를 반환해 준다.

나쁜 녀석은 그것을 추궁하여 토벌한다. 그것을 재판에 가져가는 것이다. 관적, 정적, 노동적 3적 가운데 몇 사람은 나의 전법에 걸려서 고생했다.

3적을 이용하고 퇴치하기 위해서는 이것이 제일 좋은 수법이다.

"개들보다 사육주가 강하지 않으면
사육주가 물려 버린다."

변호사는 투견용 붉독

나를 세상에서는 소송 마귀라고 부르고 있는 듯하다.

특별히 마귀도 아무것도 아니다. 3적 퇴치의 하나로서 시비 곡절을 가리기 위하여 하고 있을 뿐이다.

운수대신, 우정대신, 국철총재, 지사, 시민, 재판관, 검사 등 20여 명을 고소하고 있다. "이렇게 셀 수 없을 정도로 소송을 하고 있으면 비용도 많이 들고 밤에는 걱정으로 잠을 잘 수 없겠지요."하고 말해 주는 이도 있다.

정말 숫자는 나도 정확히 모른다. 그러나 별로 잠자지 못하는 일은 없다. 변호사에게 맡기고 있고 재판은 시간이 걸리는 것이니까. 마음껏 푹 자고 있다.

말하자면 소송은 나의 취미라고 할까, 놀이, 하나의 레크레이션이다. 다른 사람들이 장기를 하거나, 바둑이나 마작을 하는 것과 똑같이 즐거움을 맛보고 있는 것이다. 비용도 놀이의 돈이니까 대단한 것은 아니다. 그러니까 이기든 지든 재미있다.

진다고 해도 특별히 분한 나머지 잠을 못 자는 일도 없다. 오히려 투지가 불타올라 버쩍버쩍 의욕이 샘솟는다. 다른 사람과는 다르다.

다른 표현으로 한다면 소송은 투견을 보고 있는 것 같은 기분이기 때문이다.

변호사들은 선생이라고 불리며 좋은 기분이 되고 있지만 내가 보면 투견이다. 토사견이나 붉독이다.

상대의 개를 어떻게 잘 물 것인지, 그것을 뒤에서 조종하고 있는 것이 바로 나이다.

변호사는 투견이니까 강한 것이 있는가 하면 약한 것도 있다. 기민하고 재빠른 것이 있는가 하면 둔중하고 지나치게 느린 것도 있다. 이것을 교묘하게 이용하는 것이다.

사용하고 있는 것은 바로 나이니까 나의 기본 방침대로 시킨다. 대개 법률은 상식이고 역전의 용사로서 경험을 갖고 있다. 그러니까 실전은 내 쪽이 강하다.

개들보다 사육주가 강하지 않으면 개에게 물려버리게 되고, 또 물릴수록 포악해지는 개가 아니면 싸움의 묘미는 나오지 않는다.

그러나 변호사는 투견으로서 다루면 되지만 요즘의 재판관은 곤란하다. 사법시험을 받고 우수한 녀석은 돈이 되니까 변호사가 되고 부스러기가 재판관이 된다. 돈 많은 집 아들이 아니라 가난한 집 아들이니까 사고방식이 노동자와 마찬가지라서 노동자 쪽에 선다. 그러니까 노동관계의 사건은 대부분

회사 쪽이 지게 된다

재판까지 공정을 기대할 수 없다면 투견들에게 물게 하는
이 놀이도 앞으로는 거의 할 수 없을 것 같다.

▶────────────────────

☺중요한 한 마디

눈에 보이지 않는 변화를 가져야 한다

참된 생활이란,
외부세계에 대 변혁이 일어났을 때
또는 여러 사람이 동원되고, 출동하고, 싸우고,
죽이고 하는 곳에 있는 것이 아니다.
참된 생활이란 오직 눈에 보이지 않는
어떤 변화가 있을 때만 시작된다.
　　　　　<헨리 조지>

"은행은 뒷골목으로 들어가야 한다,
은행이 어떻게 번화가에 얼굴을 내밀고 있는가?"

약자를 억누르는 은행 여우

맑은 날에는 우산을 빌려주고 비가 내리는 날에는 우산을 빌려주지 않는 곳이 은행이다.

인간끼리의 교제에서도 "암천(暗天)의 친구"라는 것이 있다. 날씨가 좋을 때는 교제하는데 조금 상태가 나쁘게 되면 어느 틈엔가 도망쳐서 다가오지 않는다. 이런 녀석을 "암천의 친구"라고 한다. 은행을 이와 같은 "암천의 친구"라고 생각하면 된다.

대체로 은행이란 본래 연줄로 힘을 갖는 역할이다. 주제넘게 날뛰어서는 안 되는 것이다. 그런데 일본의 은행들은 각 도시의 번화가, 일류지에 당당히 점포를 차려놓고 있는 것이 진기하다. 돈을 아끼지 않고 써서 일류의 토지를 여기저기 싸다니며 사모아서 땅값을 높인 범인들이다. 지금의 점포는 모두 상점으로 팔아버리고 뒷골목으로 물러나야 한다.

"약한 자를 돕고 강한 자를 억누르는 것"이 야쿠사의 의리라고 하면 은행은 그 반대로 "약한 자를 억누르고 강한 자를 돕는" 인의 없는 싸움의 승리자이다.

경기, 불경기에 관계없이 매년 착실하게 법인 소득의 상위를 점한 것은 무슨 이야기일까? 지금 일본 경제가 혼란을 일으키면 제일 먼저 한을 품고 습격을 받는 곳은 아마 은행일 것이다.

하고 있는 짓을 말하면 신사복을 입은 전당포와 마찬가지로 안전 제일의 낮은 대부, 전당포식으로 모으는 것과 크게 다르지 않다. 지금의 은행이 경영 부재라고 말하는 것은 당연하다.

사업가는 은행에 대한 불신, 불만을 많이 가지고 있는데 어쨌든 일본의 기업은 누구라도 자기 자본이 거의 없다. 빌린 돈으로 의지하며 살아가기 때문에 멍청하게 은행의 악담을 말할 수 있는 입장이 되지 못한다.

그것을 좋은 말로 공공성 속에 숨어 편하게 자기만 살쪄 가는 것이니까 정말로 괘씸하다. 은행은 더욱 고발 받아도 괜찮다. 대기업, 대상사와 한 패가 되어서 나쁜 짓만 하고 있기 때문이다.

금융 긴축이 되면 선별 융자로 안전성이 높은 대기업, 대상사만 상대. 그것도 선이자, 선적금 등 악랄한 상법. 금융이 풀리면 여유자금을 모아서 토지나 주식에 투기를 한다.

서민을 위한 주택자금 등이라는 것도 표면의 장식일 뿐. 인플레이션 조장을 도우면서 개인예금자의 예금 값어치가 떨어지는 것은 모른 체하는 얼굴.

몇 십억의 공금을 쓰더라도 불상사는 그저 숨기기만 하고 그리고 고수익에 벌름벌름 하고 있는 것이니까 이런 기막힌 장사는 없다. 요컨대 다른 사람의 샅바로 씨름을 하고 있는 것이 은행이다.

사람들은 돈을 빌리기 위해서 은행에 굽실굽실 머리를 조아리고 있지만 이것은 돈에 머리를 숙이고 있는 것이지 은행에 고개 숙이고 있는 것은 아니다.

그리고 매일 숙이고 있는 동안에 호랑이의 위엄을 빌린 여우와 마찬가지로 어느 틈엔가 호랑이가 된 착각을 갖는다. 은행 밖으로 나가면 성공하지 못하는 것은 오직 여우이기 때문이다.

☺중요한 한 마디

무엇을 배워야 할까?

조상이 행한 악을 자손들에게 선한 일이라고
생각하도록 힘쓰게 하기보다
현재 존재하는 악을 뿌리째 뽑아버리는 편이
얼마나 좋은 일일까?
<카알라일>

"옛날 기자들은 뼈 있는 녀석들이 많았지만
단순한 샐러리맨이다."

"아사히 신문" 등 "상업 좌익"들

최근에는 멋진 말만 늘어놓아서 오히려 일본을 나쁘게 하는 것들이 많다. 그 선봉에 서 있는 것이 바로 신문이다. 제악(諸惡)의 근원(根源)이라고 해도 지나치지 않다.

무엇이든 있는 것 없는 것을 과대하게 보도한다. 공정성이 있는 것처럼 보이나 한편에 치우쳐서 기사를 쓴다. 아무것도 모르는 대중은 그 기사를 읽고서 완전히 그 기분에 빠져 버린다.

어쨌든 신문이라고 해도 사기업(私企業)이다. 신문이 팔리지 않게 만들면 안 된다. 그러니까 팔리도록 쓴다. 재미있고 과대하게 쓴다. 반정부, 반체제, 반미국적이면 진보적으로 보인다.

하지만 실제로 하고 있는 것은 결코 진보적이 아니다. 정부를 신랄하게 공격하면서 뒤로는 정치가에게 붙어서 국유지(國

有地)의 불하(拂下)에 머리를 숙인다. 텔레비전의 면허를 받는 경우가 있기 때문에 우정성(郵政省)의 악담은 쓰지 않는다. 간부가 되어서 선거에 나오는 경우는 자민당으로 결정되어 있다.

진보적인 것은 아사히(朝日) 신문이, 자민당 소속의 의원이 제일 많을 것이다. 좌경이라고 불리는 신문이 실제는 독자인 노동자에게 인기를 얻으려는 영업정책으로 지면을 만들고 있는 것이다.

즉 신문의 체질은 "상업 좌익"이라는 녀석이다.

신문을 팔기 위해서는 정절도 필요 없는 것이다. 다른 회사와 판매 공동전선은 공정거래법 위반이라고 실컷 두드리면서도 자기들은 공동전선을 펴고 있다.

국철의 이해할 수 없는 스트라이크 등 내가 편집장이라면 "스트라이크 공해"로서 여론을 환기시키겠지만 국민은 스트라이크에 익숙해져서 태평하게 거짓말을 쓴다. 그 위에 노동자들을 "약자"로 취급한다. 어쩔 수 없다. 지금 노동자들이야말로 일본 제일의 "강자"이다. 정말 노동자들의 마음 대로이다.

신문 내용도 최근에는 어떤 신문이나 대동소이하고 시시하다. 기자 클럽 등에서 마작이나 하면서 관적(官賊)이 제공하는 발표문을 복사하고 있기 때문이다.

옛날 기자들은 뼈 있는 녀석들이 많았지만 지금은 단순한 샐러리맨이다. 옛날 기자들을 기차라고 한다면 지금 녀석들은 트럭이다.

6척의 통 속은 7척의 키를 가진 사내가 아니면 들여다보고 확인할 수가 없다. 거기에다 전후의 방종한 제멋대로의 교육을 받아 무관(無冠)의 제왕(帝王)이라는 프라이드만 갖고 공부는 하지 않는다.

자기들이 신문에서 만든 여론이 정당하다고 착각하고 있는 애송이들이 신문기자로 일하고 있으니까 때에 따라서는 미치광이에게 칼을 맡긴 꼴. 은행원들과 마찬가지로 호랑이의 위세를 빌린 여우라고 생각하면 좋지 않을까?

거름통에 다가가면 옷에 거름냄새가 밴다. 신문기자와는 거리를 두고 교제해야 한다. 그리고 신문기사를 결코 전부 믿어서는 안 된다.

───────────────────

☺중요한 한 마디

용기와 신념을 가져라

사회는 사람들에게 말한다. "우리들과 생각하는 것 같이 생각하라. 우리들이 믿는 것과 같이 믿어라. 우리들이 먹고 마시는 것 같이 먹고 마시라. 우리들이 입는 것을 입어라. 그렇지 않으면 사람들에게 미움을 받을 것이다"라고.

만약 누가 이 말에 따르지 않는다면 그 사람은 비웃음과 악담, 비방, 증오에 부딪쳐 지옥과 같은 생활을 해야 할 것이다. 그러나 용기를 내어라. 그리고 혼자서라도 가시밭을 헤치고 나갈 용기와 신념을 가져라.   <루시 말로리>

제 9 장

위선자보다는 악인이 성공한다

바보 같은 정직만으로는 통하지 않는다.

이것도 중국의 옛 이야기이다. 어느 날 공자가 있는 곳으로 한 남자가 찾아와서,

"吾의 村에 直한 자가 있어 親은 子를 訴하고, 子는 親을 訴하도다."

즉 "나의 마을에는 정말로 정직한 자가 있습니다. 아들이 나쁜 일을 하고 있자 직접 아버지는 이것을 정직하게 고소하고, 아버지가 나쁜 짓을 시작하자 아들은 직접 자기 아버지를 이런 나쁜 일을 하고 있습니다 하고 정직하게 고소하고 있습니다. 이렇게 정직하고 훌륭한 아들과 아버지는 이웃 마을에는 없겠지요." 하고 자만스럽게 말을 걸었다.

이 이야기를 들은 공자는,

"吾의 村의 直한 자는 異도다. 親은 子를 庇하고 子는 親을 庇하도다."

이렇게 답했다고 한다.

"나의 마을의 정직한 자는 다릅니다. 예를 들어 아들이 나쁜 짓을 해도 아버지는 이것을 감추어서 고소하는 것을 하지 않는다. 또 아버지가 나쁜 일을 하고 있는 것을 아들이 발견해도 이것을 숨겨서 결코 고소하지 않는다.

그리고 아들이 나쁜 짓을 하고 있을 때는 고소하는 대신에 아들에 대해서 그 잘못한 것을 순순히 설명해서 들려준다. 두 번 다시 이런 잘못을 하지 않도록.

아버지가 잘못한 것을 아들이 발견했을 때는 아버지에 대해서 예를 갖추면서 그 잘못을 간절히 간한다. 이것만은 어떻게 그만두어 주십시오." 하고.

거짓말이라고 하면 분명히 거짓을 말하고 있는 것이니까 부정직한 것인지도 모른다. 그러나 부모와 자식간의 관계라는 것은 이것으로 좋은 것이다.

정직이 덕이라고 해서 부자지간까지 서로 다른 사람처럼 싸우거나 소송이 있어서는 안 되는 것이다. 부자지간은 다른 것이다.

그러니까 법률에서도 친족끼리는 도둑질을 해도 범죄가 되지 않는다는 조항이 있다. 이것까지 죄로 해서는 인간 사회의 질서가 문란해져서 부모 사랑의 정이 깨어져 버리기 때문이다.

그럼에도 불구하고 내 경우는 이렇다. 회사 경영에 대한 의견의 차이 때문에 아들이 나를 고소하고 내가 아들을 고소하는 소동을 반복해 왔다. 뭔가 바보 같은, 슬픈 일로 나 자신도 부끄럽게 생각한다.

다행히 지금은 서로 사이가 좋아져서 편안하게 지내고 있지만 생각조차도 하기 싫은 일이었다.

그 책임은 아들뿐만 아니라 내 쪽이 나빴다고 반성하고 있다.

"늙어서는 아들을 따르라"라는 말이 있는데 아들이라고 끝까지 바보로 취급해서 그의 의견을 받아들이지 않은 완고함이 그렇게 만들었던 것이리라.

"거짓말에도 두 가지가 있다.
좋은 거짓말과 나쁜 거짓말이다."

도움이 된다면 거짓말도 하라.

"거짓말은 도둑질의 시작" "거짓말을 하면 염라대왕이 혀를 뽑아간다." 등 거짓말을 하는 것은 나쁜 일이라고 손자들에게 이야기하고 있다고 치자. 그런데 그곳으로 이웃의 부부가 싸움을 하고 아내가 "남편이 죽으려고 하니 도와달라"고 말하면서 달려왔다. 그곳의 다락에 숨겨달라고 해서 숨겨 주었다.

이번에는 남편이 칼을 들고 얼굴이 빨개져서 뛰어들어 왔다. "우리 집 사람, 오지 않았습니까?" "우리 집에는 오지 않았는데 저쪽으로 가지 않았을까?"하고 거짓말을 해서 위급함을 넘겨준다. 그러자, 거짓말은 나쁜 것이라고 배우고 있던 손자들은 "할아버지는 거짓말쟁이"하고 비난할 것이다.

그러니까 좋은 거짓말과 나쁜 거짓말 두 가지가 있다는 것을 어릴 때부터 가르쳐 주지 않으면 안 된다. 그렇지 않으면 어른이 되고 나서도 좋은 거짓말을 할 줄 모르고 인간으로서

편견자가 되어 버린다. 좋은 거짓말이라는 것은 상대의 입장에 서서 상대의 사고방식대로 하는 것이니까 용서받는 것이다.

쇼꾸다노부나가(織田信長)는 통협간(桶狹間)으로 출진할 때 네쓰다(熱田) 신궁에서 미리 신주에게 부탁하여 선반의 그늘에서 갑옷의 소리를 내달라고 부탁했다.

그리고 신에 대하여 고하는 식이 있었다. 우리 군이 승리를 했다고 거짓말을 했다. 하지만 그 거짓말 때문에 사기충천하여 숫자가 적은 쇼꾸다 군대가 이마까와이겐(今川義元)의 대군을 맞아 격파할 수 있었다.

석가모니도 지옥과 극락이 있다고 거짓말을 해서 민중의 마음에 안정을 주고, 그리스도도 천국에 대한 꿈을 유도하여 많은 사람들을 구원해 왔다. 이것도 거짓말이다.

의사가 암으로 회복이 불가능한 환자에게,

"위가 좋아지고 있으니까 염려할 필요는 없습니다."하고 거짓말을 한다.

"어차피 나를 속인다면 계속 속이기를 바랐다…."하는 노래 가사가 있는데 바람기에 대한 이야기인 것 같다. 아내에게 염려하지 않도록 거짓말을 하는 것도 상대에 대한 배려이다.

장사에서도 거짓말을 한다. 여인이 옷을 사러왔다고 하자. 정직한 주인이 "이 물건은 작년부터 팔다 남은 것인데 아무도 사지 않는다. 유행이 지난 것인데 어떻습니까?" 하고 손님에게 말할 주인이 있을까? 그런데 "거짓말도 방편"이라는 것을 알고 있는 주인이 와서 "부인, 이 물건은 지금 유행하고 있습니다. 물건이 없어서 보통 사람한테는 팔 수 없지만 부인에게는 특별히 값싸게 드리지요." 하고 권하면 어떤 사람이라도 사 간다.

거짓말에는 좋은 거짓말과 나쁜 거짓말이 있다. 좋은 거짓말은 지장을 주지 않는 것이다. 좋은 거짓말도 하지 않는 것은 정직이 아니라 세상을 살아가기 힘든 녀석이다.

☺중요한 한 마디

사업의 성공에 이르는 길

조용한 것은 조용한 대로 놓아둘 수 있다. 아직 숨겨두지 않은 것은 숨겨둘 수가 있다. 약한 것은 부수기가 쉽다. 사물은 그것이 존재하기 전에 조심해야 한다. 무질서가 되기 전에 질서를 세워야 한다. 큰 나무는 가늘고 작은 가지가 성장하여 된 것이다. 높은 탑도 작은 돌이 쌓여서 이루어진 것이다. 천리 길도 한 걸음부터 시작되는 것이다. 최후에 이르기까지 최초와 같이 조심성 있게 하라.

그때에야 비로소 일을 성취할 수 있는 것이다.

<노 자>

"나는 기부를 해도
이름을 밝히지 않는 것을 조건으로 한다."

기부는 해도 매명(賣名)은 하지 말아라.

종을 절에 기부했다. 5개를 만들어 주변의 절에 사이좋게 하나씩 나눠주었다. 하나에 백만 원씩 하는 것이었다. 특별히 신앙심이 있다거나 불심이 생겼기 때문이 아니다. 전시 중에 절의 종까지 모아갔는데 전후가 되어도 어지간히 만들 수 없어서 곤란하다는 이야기를 듣고 돈도 조금 모았기 때문에 기부한 것이다.

절만 기부한 것이 한쪽에 치우친 것 같다는 생각을 하고 있을 때 마침 신사의 개축이 있다고 했기 때문에 그 쪽에도 백만원을 기부하기로 했다.

대표가 찾아왔기에 기부는 하지만 내 이름은 내지 말아라. 이것이 기부의 조건이라고 말했다. 나는 본래 중과 신주는 아주 싫어한다. 본래라면 기부 같은 것은 안 하지만 향리의 일이고 돈도 모았으니까 하는 수 없이 내는 것이다. 그러니까 나의 조건을 잊지 않도록 염두에 넣어두라고 했다. 알았습니다. 하고 머리를 조아리고 돌아간 주제에 그로부터 얼마가 지난 어느 날의 일. 신사 앞을 산책하고 있을 때 내 이름이 나와 있는 것을 발견했다. 더구나 검은 기념비에 화려하게 이름이 새겨져 있는 것이 아닌가?

나는 노했다. 재빨리 대표를 불러들여서 약속위반이다. 취소하라. 그렇지 않으면 약속 위반으로 고소한다고 화를 내며 다그쳤다.

대표는 감사해서 그렇게 생각했던 것인데 이만큼 큰 돈을 기부했으니 이름을 알리지 않는 것은 이상하다. 오히려 실례에 해당하는 것이 아닐까? 쇼꾸다 씨가 그렇게 말해도 내심으로는 자기 이름이 나오는 것을 바랄 게 틀림없다. 그런 이야기가 모임에서 모두의 의견이라서 약속은 알고 있었습니다만 이름을 남겨 놓았습니다. 그간의 사정이 이런 것이라서….하고 말한다.

정말은 나의 일을 핑계삼아 조금만 기부해 놓고 자랑하고 싶은 매명(賣名)꾼들이 자신의 이름을 내고 싶어서 기념비라는 쓸데없는 것을 만들었던 것이다.

돈을 많이 낸 기부자가 이름을 내지 말라고 하면 그보다 적게 낸 기부자의 매명꾼들은 곤란해진다.

어쨌든 나는 약속 위반은 싫어하니까 다시 생각할 필요는 없다.

즉각 취소하지 않으면 말 그대로 소송을 할 작정이다. 파랗게 질린 대표는 급히 돌아가 놀라서 시멘트로 기념비에서 내 이름을 칠해서 지워 버렸다.

나는 이밖에도 마음이 내키면 또 납득이 되면 나름대로 기
부를 하고 있다. 그러나 이름은 일절 내지 않는 주의를 갖고
있다. 기부라는 것은 본래 그런 것이 아닌가?

😊중요한 한 마디

말을 함부로 하지 말아라

어느날 밤, 모임이 있었다. 모임이 거의 끝나갈 무렵
손님의 한 사람이 인사를 하고 돌아갔다. 그러자 뒤
에 남은 사람들은 그를 비방하기 시작하고, 악담을
시작하였다. 두 번째 돌아간 뒤에도 악담이 퍼부어졌
다. 이렇게 하여 손님들이 모두 돌아가고 한 사람만
이 남게 되었다. 혼자 남은 그가 말하기를,
"미안하지만 여기서 재워 주십시오, 먼저 돌아간 사
람들과 같은 사람이 될까 두려워서 갈 수가 없군요"
<레오 톨스토이>

"나이를 먹으면 어린아이가 된다고 하지만
나이가 들어 장난감을 탐한다면 얼마나 어리석은가?"

훈장은 본래 구두주걱의 악세사리

내 학력은 라이우에(瀨上) 탕녀학교 졸업이라고나 할까? 후꾸시마의 외딴 라이우에마찌는 옛날 유곽이 있던 마을로서 알려져 있다. 나는 이 여자들과 놀면서 크게 수련해 왔다. 여기는 공립(?)이었지만 졸업증서 등은 주지 않았으니까 정식 학력은 되지 않는다. 하하하….

그러면 정식 학력은 호겐(保元)소학교 졸업이라는 것이다. 나에게는 유일한 호겐소학교가 이번에 전면적으로 신축한다고 한다. 어쨌든 생활방식의 기본을 가르쳐 준 모교의 일이다. 빨리 뭔가 기부해야겠다고 생각해서 나의 땅 1정보와 건축자금의 일부로 2천만 엔을 기부했다.

낙성식에 꼭 참석해 달라는 당부를 받았지만 꾀병을 이용해서 거절했다. 그렇다고는 해도 어쩔 수 없어서 아내를 대신 보냈다. 학교가 생기면 그것으로 좋은 것이 아닌가? 축하회 등은 쓸데없는 짓의 표본이다. 나는 본래 그런 쓸데없는 짓은 아주 싫어한다. 쓸데없어도 좋은 것은 없을까? 그런 돈이 있으면 어린이들의 교재라도 사줄 수 있는데.

그 이상으로 싫은 것은 촌장이 찾아와서 교육을 위하여 많은 돈을 기부해 주었기 때문에 내각 상훈국(內閣賞勳局)에 신청해서 포상을 신청했으니까 받아가라는 것이었다.

내가 이런 류들은 아주 싫어 한다는 것을 누구나 알고 있는데 아무런 귀띔도 없이 제멋대로 이런 짓을 하다니, 정말 한심해서 손을 쓸 수 없는 바보들이다.

"받을 이유가 없다. 갖고 돌아가게."

하고 굳게 거절했으니까 지금쯤은 훈장도 우주로 떠돌아다니며 곤란을 겪고 있을 게 틀림없다. 곤란한 것은 내가 알 바가 아니지 않은가? 훈장이라고 하면 나한테는 훈일등(勳一等)에서 공일급(功一級)의 금공작 훈장까지 무엇이든 있다. 모두 가짜가 아닌 진짜이다.

전후(戰後)에 벼룩시장에서 사 모은 것이다. 전후의 혼란 속에서는 훈장의 값어치도 땅에 떨어져 값싸게 손에 넣은 것이다. 산 이유는 구두주걱 끝의 장식품으로 달기에 안성맞춤이라고 생각했기 때문이다.

지금은 손자들의 장난감으로 사용하고 있는데 그것도 요즘은 싫증난 듯이 방 한쪽 구석에 버려져 있다. 이런 아이들의 장난감 같은 훈장을 어떻게 욕심낼 수가 있는지 나는 어른들의 심리를 알 수가 없다.

나이를 먹으면 어린아이가 된다고 하지만 나이를 먹고도 장난감을 탐낸다는 것은 정나미 떨어지는 이야기가 아닐까?

"악한 친구가 선한 친구보다
도움이 많을 때도 있다."

나쁜 친구야말로 내 친구

공자의 말에 "익자삼우(益者三友), 손자삼우(損者三友)"가 있는데
유익한 친구와 해로운 친구가 세 종류씩 있다는 말이다.

直하는 友, 綜하는 友, 多聞하는 友라고 하면 益하도다. 즉
정직한 인물, 성실한 인물, 견문 풍부한 인물을 친구로 갖는
것은 유익하다.

그 반대는 便辟한 友,, 善柔한 友,, 便佞한 友라고 한다. 죽
아첨하는 인물, 사람관계가 부드럽기만 한 인물, 입만 살아 있
는 인물을 친구로서 갖는 것은 해롭다고 했다.

자신에게 알랑거리는 인물을 친구로 가져도 아무 쓸모 없다
는 것은 잘 알면서도, 사람은 어쨌든 자신의 단점을 주의시키
는 사람보다는 뭔가 칭찬을 하는 친구들을 주변에 놓고 싶어
한다. 그러니까 공자는 더욱,

"양약(良藥)은 입에 쓰지만 병에는 이롭고 충언(忠言)은 귀에

거슬려도 행(行)에 이롭다."

고 가리키고 있다. "주(朱)와 사귀면 빨갛게 된다."는 비유대로 교제하는 친구는 선별하지 않으면 안 된다. 손우(損友), 악우(惡友)와 교제하지 말고, 익우(益友)와 선우(善友)를 마음의 친구로 해야 한다….

어떤가? 이 사고방식에 틀림이 없다. 옛날 도덕 교과서에 써 있는 대로이니까. 보통 사람은 이대로 좋다. 그러나 정치가나 실업가는 이런 사고로 사람을 구별해서는 대성할 수가 없다. 실사회의 인간모양을 살펴 보라. 선우가 반드시 선우라고 할 수 없고, 악우가 반드시 악우라고 단정지을 수 없다.

"독을 갖고 독을 제어한다"는 말이 있듯이 악우의 편이 결과로서는 선우 이상의 일을 하는 일도 있다.

알랑거리는 일 따위는 거꾸로 알랑거리는 남자를 사용하는 편이 좋다. 바닥에 쏟아진 물을 닦을 때는 마른 타올을 사용해서는 깨끗하게 닦을 수가 없다. 깨끗하게 닦기 위해서는 타올을 충분히 물에 빨아서 이것을 꼭 짜서 사용하는 것이다. 타올에 물기가 있으니까 이 물기가 물을 흡수하는 것이다.

어떤 집에서나 행주를 사용한다. 견직물의 손수건 같은 것이다. 악우라고 불리는 인간은 행주라고 생각하면 좋다. 대 사업가, 대 정치가가 되면 될수록 인맥의 범위가 넓어지고 행주 인간도 증가한다. 그것을 어떻게 잘 처리하느냐 하는 것이 문제다. 좋은 것만 말하고 있는 선우란 일단 유사시에는 아무 도움도 되지 못한다. 함께 여자를 사러 가거나 알랑거리는 일을 하는, 소위 악우 쪽이 어느 정도 진심으로 염려해주는 것이다. 나는 악인이라는 이름을 갖는 남자 쪽을 좋아한다.

"본심은 모두 돈에 욕심이 있으면서도
그렇지 않은 척한다."

본심을 간파하라.

일본인은 극단에서 극단으로 기우는 성질이 있기 때문에 금방 우이든, 좌이든. 백이든, 흑이든 스스로 판단하여 색깔을 나눠 버린다. "저 녀석은 빨갱이로 공산당" "저 녀석은 우익의 보수 반동" "저 녀석은 신사" "저 녀석은 악당"등 간단히 레텔을 붙여 버린다. 나는 태어날 때부터 악당이라는 레텔을 붙이고 있으니까 그다지 문제가 아니지만 사람의 판정은 어렵다. 또한 행동에 대한 판단도 마찬가지이다.

사업가로서 한 단면적 사고방식밖에 가지지 않았다면 이 전국 시대를 타고 넘을 수가 없다. 나는 학교를 나오지 않았으니까 귀동냥으로서 고사 명언, 속담이나 명구를 생활의 지혜로서 몸에 지니고 나 나름으로 지침을 삼아 살아왔다. 그 고사 명언, 속담조차 정반대의 말이 많이 있는 것을 여러분들은 알고 있는가?

"호랑이 굴에 들어가지 않으면 호랑이를 잡지 못한다." 그 반대가 "군자는 위험한 곳에 가까이 가지 않는다."

"정직한 머리에 신(神)이 머문다." 그 반대가 "거짓말도 방편"

"기예(技藝)는 몸을 돕는다." 그 반대가 "기예(技藝)는 몸의 원수"

"남자는 문을 나서면 7인의 적" 그 반대가 "건너는 세상에 악귀는 없다."

열거하면 더 많을 것이다. 어느 쪽이나 사실을 말하고 있다. 결코 틀림이 없다. 그때 그때마다, 입장 입장마다 사용하는 방법이 다를 뿐이다.

더구나 인간은 언제나 멋지게 보이고 싶어하는 심리가 있으니까 진심을 말하지 않고 방침을 말한다. "그런 짓을 해서까지 돈을 모을 생각은 없습니다." "돈이 욕심나는 것은 아닙니다. 줄거리를 말하고 있는 것입니다."…모두 거짓말.

본심은 모두 돈이 욕심나는 주제에 모양만은 그렇게 보이지 않으려고 한다. 돈을 받지 않는가 하고 생각하면 받을 것은 받고 있다.

공무원들은 이 방침론자가 많다. 후루가와야나기(古川柳)는 말한다.

"공무원의 아이는 쥐엄쥐엄을 잘 기억한다."라고.

주로 겉모양의 말이나 태도만으로 판단하면 잘못할 경우가 많다. 단면적으로 보는 방법, 사고방식이 아니라 진심을 간파하는 능력을 갖추지 않으면 안 된다. 요즘은 진심을 술술 말하는 사람은 거의 없어졌기 때문이다.

"사업가는 사업으로 살아라,
절대로 이 마음가짐을 잊어서는 안 된다."

명함, 가문으로는 살아갈 수 없다.

나는 언제나 아들에게 들려주고 있다.

한 푼도 받지 않는 회장이라거나 위원장직을 부탁 받더라도 절대로 맡지 말아라. 결코 대의사 등은 되지 말아라. 만일 아무래도 할 수 없다면 내가 죽은 뒤에 하라.

아들이 대의사에 나서면 싫더라도 다른 사람들에게 고개를 숙이지 않으면 안 된다. 나는 죽을 때까지 다른 사람에게 고개를 숙이지 않을 방침이다…. 이렇게 가르치고 있다.

사람은 조금만 재산이 생기면 어리석게도 쓸데없는 회에 들어가거나 명예직을 욕심내게 된다. 바보라도 참가하는 회란 로타리 클럽이라든지 라이온스 클럽 같은 모임이다. 그 회에 들어가면 지방의 명사가 동료가 되는 것이라고 착각하고 있다. 바보 같은 이야기이다.

양노원에 소매 없는 빨간 옷을 기증한다거나 교통안전의 노란 깃발을 기부한다거나 그것이 사회 봉사라고 여기며 신문에 일부러 사진까지 찍어서 선전하고 있다. 그런 것은 부인회의 할머니들이나 하는 일이다. 봉사를 파는 것으로서 신사인 체하고 있는 위선자, 매명자(賣名者)들이다.

그러니까 로타리 클럽이나 라이온스 클럽에 들어간다는 것은 명예가 아니라 매명가나 위선자의 동료로 들어가는 것이 된다.

진짜의 사업가라면 저런 시원찮은 녀석들이 고안해낸 하졸들의 모임에 정신을 팔 틈이 없는 것이다. 명예직을 하고 있으면 아무래도 시간을 빼앗기고 본업이 등한시된다. 열심히 만든 작은 재산 따위 방심하고 있으면 금방 사라져서,

"내 선조에는 이런 위대한 사람이 있었다."

"내 친척에는 이런 위대한 사람이 있다."

하고 자만하는 사람이 된다. 그런 인간에 변변한 녀석은 없다. 호랑이의 위세를 빌린 여우들이다. 선조를 자랑한다는 것은 위대한 선조들을 끌어내서 위대하지 않은 자신을 위대하게 보이려고 하는 속임이다. 위대한 친척을 과시하는 것도 마찬가지이다. 만일 호랑이가 없어진다면 어떻게 할까? 호랑이가 없는 여우만큼 비참한 것은 없다. 위장으로 감추고 있던 그 반동으로 밟혀 죽어 버리는 것이다.

의지하는 것은 자신뿐이다. 명함의 직함이 많으니까, 무슨 클럽에 들어가 있으니까 그런 일로는 안 된다. 선조의 자랑을 하지 말아라. 사업가는 사업으로 살아라. 이 마음가짐을 잊어서는 안 된다. 조그마한 기부로 이름을 파는 것 같은 비겁한 근성은 갖지 말아라.

"세상 평판 따위는 신경 쓰지 말고
오직 자기 길만을 가라."

나는 네 눈을 가진 어린아이이다.

인간은 눈알이 두 개이다. 당연한 일이다. 이 당연한 세상 가운데 한 눈을 가진 어린아이가 태어났다고 하자, 그거야말로 대소동이 일어날 것이다.

구경하는 집을 만들면 크게 번창하여 돈을 많이 벌 수 있을 것이다. 그런데 한눈만 가진 어린아이의 나라가 있다고 치고 그 나라에 지금은 당연하다고 생각하고 있는 두 눈의 인간이 표류했다고 하자. 이것도 또 대소동이 일어날 것이다. 눈알이 두 개인 인간이 찾아왔다. 저것은 괴물이다. 자, 빨리 구경하는 집을 만들자 하고.

세상이라는 것은 수가 많은 것을 "당연하다"고 하고 수가 적은 것을 "틀렸다"고 결정하는 버릇이 있다.

도꾸가와(德川) 시대에 일본에 찾아온 외국인은 일본인의 머리 모양을 보고 일본인의 남자는 무섭다. 한사람 한사람이 머리에 피스톨을 꽂고 있으니 놀랍다고 했다고 한다. 그런 외국인을 일본에서는 신기하여 빨간 머리의 덴구(天狗-얼굴이 붉고 코가 높으며 신통력이 있어 하늘을 자유로이 날면서 심산유곡에 산다는 상상 속의 괴물)가 왔다고 놀랐다고 한다. 한 눈을 가진 나라와 두 눈을 가진 나라가 다른 것과 마찬가지가 아닐까?

태평양전쟁에 돌입했을 때 그런 바보스런 전쟁을 하는 것이 아닌데 일본은 진다고 주장한 사람들은 타박을 받았다. 국민 대다수가 일본의 불멸을 믿고 있었고, 그런 의견을 토하는 자는 "비국민"이라고 헌병대에 끌려가는 등 지독한 눈총을 받았다.

숫자가 많은 의견이 옳다라는 것은 끝이 없다. 마찬가지로 선인(善人)이 반드시 선하고, 악인(惡人)은 반드시 악하다고는 말하기 어렵다. 우리들이 보기에는 기분이 나쁘고 이상한 사람일지 모르지만 기분이 나쁘거나 이상한 사람의 쪽에서는 우리들 쪽을 그렇게 생각하고 있을지도 모르기 때문이다.

가쓰가이슈(勝海舟)가 이런 말을 하고 있다.

"세상 평판 따위에 신경 쓰지 말아라. 인간의 비평은 10년마다 바뀌는 것이다. 대 간웅, 대역죄인이라고 불린 가쓰린다로(勝麟太郎)도 지금은 백작이라고 불리고 있는 것 같다. 그러나 잠시 지나면 늙은이 망령이라고 침 뱉는 사람조차 없게 될 것이다. 세평은 바뀌는 것이고 믿을 것도 없다."

그렇다면 인간의 현명함과 어리석음, 미덕, 선악 등은 그렇게 간단히 결정할 수 있는 것은 아니다.

세상의 비평 등은 신경 쓰지 말고 자기 길을 가라.

여러분, 나는 세 눈이나 네 눈을 가진 어린아이다. 충분히 이상한 인간이다. 네 눈의 덕택으로 앞뿐만 아니라 뒤도 보인다. 겉만이 아니라 속까지 보고 있다.

세상 비평이나 사람들의 말은 두렵지도 않다. 나처럼 네 눈으로 살아가라.

☺중요한 한 마디

오늘을 중요하게 생각하라

우리들은 지나간 일을 생각하고 괴로워한다.
그리고 장차 다가올 일을 생각하고 상처 입는다.
그것은 다만 우리들이 현재를 경시하는 까닭이다.
그러나 과거도, 미래도 다 하나의 꿈이다.
현재의 모든 상태, 모든 시간은
무한한 가치가 있는 것이다.
그것은 그 자체로 영원성을 가지고 있다.
<레오 톨스토이>

"지금의 세상에서 나쁘다는 것은
먼저 세상에서는 좋은 것이 되고 있다."

더욱더 악인이 되어라.

그리스도는 사랑을 설파해서 십자가에 못 박혔다. 니찌렌(日蓮)은 도(道)를 설파했기 때문에 유죄를 얻었다. 정치가도 위대할수록 죽이고 있다.

옛날부터 진리를 설파하고 사물의 도리를 호소하는 자는 세상 가운데 살아갈 수가 없다. 바보나 기분 나쁘게 취급을 받는 이상으로 벌을 주던가 죽여 버린다.

지금이야말로 지구가 태양을 돈다는 것은 당연한 일이지만 당시는 누구도 지구가 돈다고 생각해 보지 않았다. 이태리의 갈릴레오가 처음에 지동설을 주장했을 때는 어떠했을까? 금방 종교재판이 열려 버린 것이 아닌가? 지동설 따위는 당치도 않은 것이다. 세상을 소란스럽게 하고 미혹케 할뿐이다. 이것이 당시의 여론이었기 때문에 갈릴레오는 악당으로, 기분 나쁜 녀석으로 취급받았던 것이다. 옳은 것은 이처럼 언제나 나중이 되면 비로소 알려지는 것이고 그 당시는 이해할 수 없는 것이 많은 것이다. 어쨌든 세상은 바보편의 숫자가 많으니까 아무래도 그렇게 되어 버린다.

지금의 세상에서 저 사람은 좋은 사람이다, 저것은 옳다 하고 말하는 태반은 틀린 것이라고 생각해도 좋다. 나는 좋은 인간이다, 선인이다 라고 나팔부는 녀석이라도 뒤로는 무엇을 하고 있는지 알 수 없다.

미쓰비시의 이와기(岩崎)나 후지 은행의 야스다(安田)도 젊을 때는 상당히 악한 짓을 하고 뻔뻔스런 짓을 했다. 그렇게 하지 않으면 저만큼의 사업을 이룰 수가 없었을 것이다.

그렇다면 나쁘다는 것은 도대체 무엇인가?

오랜 시간이 지나 미쓰비시처럼, 야스다처럼 결과로서 선한 것이 되는 것이라면 악한 것도 선한 것이 아닐까?

지금의 세상에서 나쁘다는 것은 먼저 세상에서는 선한 것이 되고 있다. 이윽고 지금의 척도로 잴 수 없는 시대가 찾아오면 악도 선이 된다.

나는 젊었을 때부터 악한 일만 해왔다. 나쁜 일만 해왔으니까 정직하게 나는 악인이라고 천하에 공표해 왔다. 나는 선인이라고 한번도 말한 기억이 없다. 이런 나도 뭔가 사람을 위해 세상을 위해 일해 보려고 신중한 마음가짐으로 오늘날까지 살아왔다. 그러나 아직 죽지 않는 것을 보면 아직 세상을 위하여 쓸모가 있는 모양이다.

예언자는 세상에 필요하지 않다. 어차피 악인의 이름을 가진 이상, 악인인 채로 생애를 산다. 더욱 더 악인이 될 수 있다면 좋겠지만….

제 10 장
큰 악당의 생활방식을 배워라

"사업가는 시대를 보는 눈을 가져야 한다."

시대를 간파하고 사람을 간파하라.

전국(戰國) 장수들 가운데서도 악명이 높은 사람은 세이토미 쓰미(齊藤道三)이다. 세상에서는 나와 제일 닮았다고 하는데 분명히 살아가는 방법, 처리 방법에 닮은 점이 있다. 그는 기름 팔이에서 일어나 약 20여년 만에 미농(美濃) 60여만 석의 태수가 되었다. 나도 마찬가지로 기름 장사를 하고 있지만 후꾸시마 현 일대의 노선 버스회사의 사장 정도로는 도저히 비교가 될 수 없다. 미쓰미 쪽이 훌륭하다.

그는 향사(鄕士)의 가난한 집에서 태어나 11살 때 절에 들어갔다. 향사라는 것은 지금의 값싼 샐러리맨 같은 것이다. 그의 아들로는 도저히 출세할 수 없다. 가난한 집 아들로는 중이 되는 것이 출세의 지름길이었다. 그러나 불가(佛家) 세계도 가문이나 재산의 영향을 받는다. 더구나 여자도 품을 수 없고 고기도 먹지 않는다. 이것이 아니다라는 생각이 들어서 환속하여 기름 집 점원이 되었다. 돈을 모아서 대 상인이 되었지만 사농공상(士農工商)의 시대이다. 거기에 만족하지 못하여 발을 씻고 무사가 되기로 결심하였다.

그리고 창을 다루는 법, 특히 세 칸 반의 긴 창 사용법을 창안하여 무예가로서 여러 나라에 알려질 정도로 수완가가 되었다.

스찌기라이게이(土岐賴藝)에게 뽑혀 그 다재 다능한 능력을 인정받아 가신으로서 사실상 미농(美濃) 한 나라를 장악해 버렸다. 그리고 마지막에는 주인 라이게이를 죽이고 마침내 자신이 미농의 태수 자리에 앉아 버렸다.

역사에서는 "잔인한 미쓰미"라고 불러 주인을 살해한 것을 비난하여 악명이 높지만 그 시대는 어쩔 수 없는 처리 방법이다. 라이게이라는 자는 멍청한 자였을 것이다.

나도 처음부터 버스회사의 사장이 된 것은 아니었다. 감사역, 취체역, 부사장을 하고 마지막으로 무능한 사장을 쫓아내고 스스로 되었다. 기업 전국 시대에서는 장식품이 아니라 실력자가 그 자리를 점하는 것이 당연한 것이다.

미쓰미가 나쁜 소리를 들으면서도 역사상의 인물로서 남는 것은 그만한 재능이 그에게 있었기 때문이다. 중일 때에는 법련(法蓮)이라는 학승(學僧)으로 장래가 촉망되었고, 기름팔이의 상인이 되자 아이디어 상술로 돈을 모았을 뿐만 아니라 무예에서는 장창(長槍) 사용자로서 이름을 날리고, 가신이 되자 내정 외정에 명 지배인으로 실력을 발휘하고, 태수가 되자 우리 나라 최초의 성 아래 마을을 만들고 있다.

미쓰미와 동서인 노부나가(信長)의 만남은 유명한 이야기인데 주변 사람들이 노부나가를 보고 "저 바보 전하"라고 하면서 비웃고 있을 때 미쓰미 만은 "미안하지만 지금의 저 바보 전하의 문 앞에서 우리들의 아이들은 말고삐나 매고 있을 것이다."라고 갈파한 것은 대단한 견식이다.

사업가로서의 재능, 특히 중요한 시대를 보는 눈, 사람을 보는 눈의 훌륭함을 미쓰미한테서 배우지 않으면 안 된다. 남이 한다고 함께 악담을 늘어놓을 입장이 아니다.

▶────────────────────

😊중요한 한 마디

다른 사람의 악담을 신경 쓰지 말아라

큰 강은 돌을 던져도 그 흐름이 흩어지지 않는다.
다른 사람의 악담에 동요되는 사람은
큰 강이기는커녕 물구덩이만도 못한 작은 인간이다.
남 때문에 불행의 구렁텅이에 떨어졌다면
참고 견뎌 그 불행을 극복하라.
그대 자신도 용서받아야할 인간이니까.
<사 디>

"기업도 혼자 할 수 없다,
좋은 친구, 좋은 부하를 많이 만들어라."

일찍 죽어서는 사업가가 되지 못한다.

나와 닮아 있는 또한 사람의 무장으로 키다조소운(北條早雲)이
있다. 낭인(浪人)으로 야인 무사에서 몸을 일으켜 이두(伊豆), 상
모(相模) 양국의 태수가 된 남자이다.

소운은 젊었을 때 신꾸로(新九郞)라고 불리며 이세(伊勢)에서
자랐다. 40살 가까이 될 때까지 나와 마찬가지로 야생마 같은
생활을 하면서 한 나라, 한 성(城)의 주인이 되기를 꿈꿔왔다.

어느 때 친구 여섯 명과 신수(神水-神社에 있는 물)를 마시면서
이런 서약을 했다고 한다.

"우리들 7인은 어떤 일이 있어도 사이가 나빠지면 안 된다.
서로 힘이 되어서 무공을 세워 입신 출세를 하자. 만일 이 가
운데 한 사람이 태수가 되면 나머지 6인은 그의 가신(家臣)이
되어서 도와주기로 하자."라고.

그로부터 15년, 신꾸로가 55, 6세가 되어서 작지만 한 나라,

한 성의 주인이 되었다. 그때 다른 여섯 명은 약속을 지켜서 가신이 되고 신꾸로가 키다조소운이라고 개명하여 이두, 상막 양국을 지배하는 전쟁에 올랐을 때 그 여섯 명은 가신으로서 도와 그 관계는 끝내 변하지 않았다고 한다.

남자의 약속, 남자의 우정이란 이런 것이다. 기업도 혼자서는 할 수 없다. 좋은 부하, 좋은 친구를 많이 갖지 않으면 커다란 사업은 할 수 없다.

소운의 또 하나 훌륭한 점은 민심을 안정시켜 백성들을 모두 심복으로 만들었다는 것이다.

당시는 전쟁의 세상이라 전쟁으로 날이 새고 지는 관계로 어느 나라에서도 농민을 괴롭히고 있었고, 더구나 관동지방 일대는 조세의 엄격함이 일본 제일이었다. 7공 3민(七公三民)이라고 7할을 영주가 가져가 버리는 지독한 제도였다. 지금의 세제와 비슷하다고나 할까?

소운은 그것을 4공 6민으로 했다. 백성들을 괴롭히는 관리는 척척 죽였다. 병약자들을 위하여 지금의 진료소 같은 것을 개설해 주었다. 백성들의 기쁨은 여러분도 충분히 상상할 수 있을 것이다.

소운의 이 선정(善政)이 지지를 강화시켰다. 키다조 가문이 5대까지 영위할 수 있는 기반이 된 것은 이 백성들의 뒷받침이 있었기 때문이다.

거기에다 또 하나 첨가하면 오래 살아야 한다. 사업가의 진짜 일은 50대부터이다. 그때까지는 준비기간이다. 소운이 이두, 상막을 평정하여 관동을 제압한 것은 87세 때이다. 그 다음 해 88세로 세상을 떠나고 있다. 건강하게 장수하지 않으면

큰 사업은 완성할 수 없는 것이다. 일찍 죽어서는 사업가가
될 수 없다.

나도 소운처럼 88세까지 살 수 있을까?

▶───────────────────

☺중요한 한 마디

괴로움을 느끼면 실패한 것이다.

일에 열중하면 근육이 아픈 줄을 모르게 된다.
그러나 일을 하지 않은 사람은
조금만 아파지면, 아야야!하고 소리를 지른다.
덕(德)의 완성을
인생의 중요한 목적으로 삼는 사람들은
불행을 예사롭게 견딘다.
그러나 수양을 갖지 못한 사람들은
괴롭다고 비명을 지르는 법이다.
사업가는 비명을 지를 수 없다.

"길 없는 길을 뚫고 나가기란
표현할 수 없을 정도로 괴로운 것이다."

운을 부르는 남자가 되어라.

울게 하려면 죽여서 하는 두견
울게 하려면 울게 해 보이는 두견
울게 하려면 울기까지 기다리는 두견

누가 만들었는지 모르지만 노부나가(信長), 히데요시(秀吉), 이에야쓰(家康)를 잘 나타내고 있다. 이 중 누가 제일 위대한가 하면 그것은 노부나가이다.

애석하게도 49세에 메이치고우히데(明智光秀)에게 죽었지만 전국 평정의 기초를 세운 것은 노부나가이다. 히데요시도, 이에야쓰도 그 기초 위에 올라서 사업을 진행시킨 것이니까 똑같이 위대하더라도 노부나가 편이 위이다.

세상 평판으로는 급하고 난폭한 표본처럼 알려져 있지만 저 전국 난세를 열어 가기 위해서는 누가 뭐라든 저런 엄격함과 격렬함이 없으면 되지 않는다.

길 없는 길을 뚫고 헤쳐나가기란 표현할 수 없을 정도로 괴로운 것이다. 아무도 가르쳐 주지 않는다. 가르침을 받는 것은 오직 자신 뿐, 피가 끓는 실패를 맛보면서 나아가는 것이다. 사업가, 특히 창업자는 이런 혁명적 기질을 갖지 않으면 안 되는 것이다.

최근에 이에야쓰가 경영자의 귀감이라고 한다고 들리지만 경제 난세에 있어서는 이 노부나가의 생활방식이야말로 귀감으로서 배우지 않으면 안 된다. 히데요시, 이에야쓰는 일단락되고 나서도 늦지 않다.

이마가와이겐(今川義元)을 격파한 유명한 통협간의 전투는 간혹 비가 도와주어서 기습이 성공한 것처럼 역사가는 말하고 있다. 운이 좋았던 것처럼 받아들이고 있다. 나는 그렇게 생각하지 않는다. 결사의 각오로 일을 대하는 그의 결단과 실행이 스스로 운을 부른 것이다.

통협간으로 향하기 전날, 노부나가는 중신들을 모두 모아놓고 싸움이야기는 한 마디도 꺼내지 않았다. 세상 이야기를 하며 주연을 열고 노우(能)의 태부(太夫)를 불러서 "나생문(羅生門)"을 노래하고 있다. 그리고 밤이 깊어지자 "모두 돌아가서 잠자도록 해라. 나도 잠자야겠다."하고 침소에 들었다고 한다.

중신들은 기가 막혀하거나, 노하거나, 슬퍼하거나 하면서 "마침내 쇼꾸다 가문의 운명도 여기까지다. 바보 전하라고 불렸다더니 싸움공부도 하지 않았던 사람"이라고 파랗게 질려서 한숨도 잘 수 없었던 것 같다.

그런데 다음날 아침 적의 동향, 기상정보를 듣는 둥 마는

둥 벌떡 일어나 "나팔을 불어라, 자, 출진이다!"하고 선두를 찌르면서 뛰어나가 저 승리를 얻어낸 것이다.

이 도량, 이 기백, 이 결단, 이 실행, 이것이야말로 운을 부른 것이다.

노부나가가 22세 때의 일이다. 여러분들도 흉내낼 수 있을까?

▶────────────────────

☺중요한 한 마디

자기의 가치는 어떻게 알 수 있을까?

어떻게 하면 자기 자신의 가치를
알 수 있는가?
생각만 해서는 소용이 없다.
그것은 행위로만 알 수 있다.
자기 의무를 완수하도록 노력하라.
그러면 곧 자기의 가치를 알 것이다.
<아미엘>

"신이 망하게 하는 것이 아니라
자기 자신이 망하게 하는 것이다."

신벌(神罰)을 두려워하지 말고 신벌(身罰)을 두려워하라.

나는 노부나가가 좋다. 왜냐하면 그는 신이라든가, 부처님을
의지하지 않기 때문이다. "괴로울 때 신에게 의지한다."라고
해서 옛날부터 곤란한 일이 생기면 신이나 부처의 가호를 원
한다. 적이나 아군이나 기원하니, 신이나 부처도 어느 쪽을 도
와주면 좋을지 곤란할 것이다.

어쨌든 신의 계시라거나 신풍(神風)이 분다거나 하는 것은 모
두 만든 것이다.

전쟁 때를 생각해 보면 알 수 있다. 징집 통지를 받으면 모
두 신사(神社)에 가서 무운 장구(武運長久)를 기원한다. 그리고 천
인침(千人針)을 몸에 지니고 전쟁터로 간다.

그래도 전사할 사람은 전사하고 그런 짓을 하지 않아도 살
아서 돌아올 녀석은 살아서 돌아온다. 요는 그 사람 나름의
생명력이다. 몇 푼의 돈을 내놓고 그것으로 빌어서 된다면 누

구라도 고생하지 않는다.

특별히 내가 신이나 부처를 부정하고 있는 것은 아니다. 신이나 부처를 의지하는 것은 결국 인간이 가진 약점을 다른 힘에 의지하는 것을 뜻하기 때문이다. 사업가는 사업가답게 자신의 길은 스스로 열어 가는 그런 강인함 없이는 안 되는 것이다.

노부나가는 조정을 배경으로 전횡을 휘두르고 있던 비예산(比叡山)이나 석산 본원사(石山 本願寺)의 중들을 철저하게 쳐부수고 있다. "세상을 문란케 하는 악당들"이라며 비예산의 수많은 절들을 모두 불태우고, 유명한 중들을 비롯하여 황법사(荒法師)라고 부르던 승병(僧兵)들 수천 명을 체포하고 그 전부를 죽여 버렸다.

"중을 죽이면 7대에 걸쳐 벌을 받는다"고 말하던 시대이다. 노부나가를 따르던 무장들도 은근히 뒤탈을 무서워하여 비예산이나 본원사와의 싸움을 멈추기를 바랐지만 노부나가는 전혀 들으려하지 않았다.

노부나가의 생각은 지금이라면 합리주의라고 부를 수 있지 않을까? 세상 이야기라든가, 사회상식이라든가, 습관이라는 것에 일체 구애받지 않았다. 그것이 신이든, 부처이든.

노부나가는 여러분들이 말하는 드라이한 남자였다. 그다지 신사나 절을 쳐부수는 일도 하지 않았지만 그리스도교의 선교사가 찾아오면 간단히 포교를 허락하기도 하고 있다.

나도 버스 회사를 하고 있는 동안 신사나 사찰의 기부는 일체 하지 않았다. 관내의 신사나 사찰의 수는 상당한 것이다. 하나하나 교제하고 있을 필요가 없다. 동료 가운데는 지금도

신의 벌이 내려온다고 떨고 있는 중역들도 있지만 노부나가와 마찬가지로 나는 일체 허락하지 않았다.

신벌(神罰)이라는 것은 신벌(身罰)이 맞다. 신이 망하게 하는 것이 아니라 자기 자신의 처리방법이 나쁘기 때문에 실패하는 것이니까, 소위 몸에서 나온 녹이다.

스스로 자신을 벌하고 그래서 반성하면 그것으로 좋은 것이다. 신이나 부처에게 의지하지 않고 신벌(身罰)을 두려워해야 하는 것이다.

▶────────────────

☺중요한 한 마디

소득의 가치

사람이 소득을 얻는 길은 세 가지가 있다.
근로, 구걸, 도둑질이 그것이다.
만약 일하는 자의 수입이 적다면
그것은 너무 많은 물건이
거지와 도둑에게 돌아가고 있기 때문이다.
〈헨리 조지〉

"사람을 부리기도 어렵지만
부림을 당하기도 어렵다."

부림 받는 상수는 부리는 상수가 된다.

    히데요시(秀吉)한테서 배울 것은 아주 많다. 그러나 제일 감
탄하는 것은 처신하는 방법이다.

    사람은 그 입장, 입장마다 사람을 부리는 입장이 되거나 사
람에게 부림을 당하는 입장이 되기도 한다. 사람을 부리는 일
도 어렵지만 부림을 당하는 입장도 어렵다. 히데요시는 노부
나가라는 어려운 상사에게 오랫동안 부림 받아 왔다.

    후지요시로(藤吉郞) 시대로부터 하네시히데요시(羽紫秀吉)에 이
르기까지 실로 기나긴 동안 노부나가에게 부림 받아 왔다. 멋
진 부림 받는 상수라고 생각한다. 그 배려가 스스로 사람을
부리는 입장이 되었을 때 반영하여 히데요시의 사람 부림은
우수했다. 부림 받는데 상수는 부리는데 상수가 된다는 전형
적인 인물이라고 할 수 있지 않을까?

    상사인 노부나가는 창업자다운 기질이 있는 어려운 남자이

었다. 성질이 급하고 의심이 많은 합리주의자이다. 히데요시는 싫어하지 않을 정도로 그의 기분을 잘 맞춰서 처신했다.]

노부나가가 우에스기겐신(上杉謙信)과 싸우기 위하여 가하(加賀)로 출전하고 히데요시는 시다가쓰이에(柴田勝家)의 지휘 아래 참전하고 있었다. 그런데 시다가쓰이에와 작전 계획의 의견이 맞지 않아 노부나가의 승낙 없이 재빨리 진영을 물러나 자기의 성(城)인 나가하마로 돌아와 버렸다. 노부나가는 격노해서 히데요시에게 근신을 명했다.

그러나 히데요시는 근신은커녕 매일 밤 가신(家臣)들을 모아서 주연을 열고 쿵짝쿵짝 소란을 피우고 있었다. 가신들은 이것이 노부나가의 귀에 들어가는 것이 무서워 여러 차례 히데요시에게 주의를 주었지만 전혀 들으려고 하지 않았다.

히데요시는 오히려 노부나가의 귀에 들어가기를 바랐다. 그편이 원숭이 녀석이 처신하는 방법이지, 정말로 근신해서 온순하게 있으면 모반이라도 일으키지 않을까 하는 생각이 들어 오히려 노부나가의 심기를 뒤트는 것이 된다. 그것을 충분히 계산한 술 판이었다.

과연 노부나가는 그로부터 2개월 뒤 우에스기와 싸움을 끝내고 나서 중국 정벌의 총대장으로 히데요시를 기용했다. 히데요시의 생각 대로이다. 그때도 히데요시는 말을 잘 하고 있다.

'만일 이 중국 정벌이 성공하면 다음은 나에게 큐슈(九州) 정벌을 맡겨 주십시오. 반드시 이기겠습니다. 그 경우 1년간만 큐슈를 나에게 통치하게 해 주십시오. 그 동안에 나는 군비를 정리하여 조선을 정벌합니다. 일본 국내는 모두 주인님의 것이니까 만일 조선을 정벌하면 나에게 조선을 주십시오. 나는 조선으로 만족하지 않고 주인님을 위하여 명나라까지 발을 넓히고 싶다고 생각합니다."

의심 많은 노부나가에게 자신은 영토에 대한 야심(野心)은 없다, 오히려 주인님은 아시아를 지배하는 큰 분이라는 것을 은근히 집어넣고 있다. 그리고 중국 정벌도 마지막에는 노부나가가 나갈 것을 간청하여 승리를 노부나가에게 양보하고 있다.

이 정도로 마음 씀씀이를 가졌다면 어떤 상사라도 곁에 두고 싶어하지 않는 사람이 있을까? 히데요시는 정말로 부림을 받는데 상수인 남자이다.

"대장은 인정이 풍부해야 하지만
때로는 비정함에도 철저해야 한다."

때로는 비정하고 철저해야 한다

"울며 마직(馬稷)을 벤다"라는 말이 있다. 귀여워하며 기른 부하나 후계자를 전체의 통솔상 처벌한다는 것은 상당히 어려운 일이다. 대장이라는 것은 인정이 풍부하지 않으면 안 되지만 비정함에도 철저해야 한다.

히데요시가 조카인 세키시로히데쓰끼(關白秀次)를 고야산(高野山)에서 할복시키고 그의 첩 30여인도 차례차례 죽여 버린 유명한 사건이 있다. 사람들은 히데라이(秀賴)가 태어났기 때문에 히데쓰끼가 걸려서 죽여 버린 것처럼 해석하고 있지만 나는 그렇게 생각하지 않는다.

히데요시가 히데쓰끼에게 준 훈계장 속에는 이런 것이 있다.

"너는 요즘 히데요시의 조카라는 것으로 조금씩 증강하고 있다. 다른 사람에 대해서도 그것을 불고 다니는 것 같은데 당치도 않은 일이다. 어떤 신분의 자들이라도 정말로 히데요시의 조카님이라고 경애 받는 사람이 되어서는 안 된다. 이번의 싸움에서도 나는 너를 위하여 두 사람을 붙여 주었다. 그런데 너는 두 사람 모두 죽게 하고 게다가 또 두 사람을 하사하실 것이다라고 했다는 것이다.

그런 마음가짐으로는 히데요시의 조카로서 살아남을 수는 없다. 히데요시의 체면을 위해서도 손을 볼 각오다. 이번만은 용서하지만, 앞으로 근신하지 않으면 안 된다."

상당히 엄격한 훈계장이다. 히데쓰끼 16세 때이다. 그리고서 다시 훈계장이 나온다.

"천하를 다스리기 위해서는, 약속은 엄정히 지키지 않으면 안 된다. 그것을 너는 어쨌든 파기시켰다. 만일 약속을 파기시키는 자가 나오면 결코 한쪽만 편애해서 재단하면 안 된다. 예를 들면 그것이 형제 친척이더라도 본보기를 보이기 위하여 확실히 처벌하지 않으면 안 된다."

히데쓰끼는 고생하지 않고 방탕하게 살았을 것이다. 히데쓰끼를 후계자로서 엄정히 훈계한 것이지만 그는 어차피 히데요시의 뜻을 이해할 수 없는 남자였다고 보인다.

히데라이가 태어난 것은 히데요시 57세 때이다. 히데쓰끼는 28세가 되고 있다. 아무리 히데요시가 히데라이가 태어났다고 해서 금방 세끼하꾸를 양도하리라고는 생각할 수 없다.

주변의 입이 가벼운 자들이 히데쓰끼를 퇴진시키고 히데라이의 천하가 되게 하려고 한다는 말을 정말로 받아들여 자포자기로 엉망으로 계속 살아왔던 것 같다.

히데요시로서는 훈계장에 쓴 것처럼 약속을 지키는 것을 중요시 여기는 남자이다. 세간에 대한 본보기로 히데쓰끼를 할복시킨 것이지. 결코 히데라이를 귀여워했기 때문은 아니다.

　동족 회사가 사이가 좋지 않은 것은 이 히데요시가 가진 비정함을 발휘하지 않기 때문이다. 경영자가 고독하다고 하는 것은 이런 일면도 있기 때문이다.

☺중요한 한 마디

말보다는 먼저 실천을!

말이 많은 자는 실천이 적다.
현명한 자는 항상
자기 말에 실천이 따르지 않을까
걱정한다.
행동이 말과 일치하지 않을까
걱정되기 때문이다.
현명한 사람은 함부로 말을 하지 않는다.
　　　　　　　<공　자>

"역사라는 것은 언제나 승자의 역사이다."

여자의 바보스러움은 어쩔 수 없다.

이에야쓰는 속이 검은 "너구리 두목"같은 전국(戰國) 무장이라는 인상을 주고 있다. 그것이 최근에는 고쳐져서 경영자의 귀감처럼 이야기되고 있다. 재미있는 일이다.

인간은 시대에 따라서 보는 방법이 다른 것이다. 나도 지금의 시대에서는 악담을 말하고 있지만 만일 죽으면 소화(昭和)의 경제 전국 시대를 살아온 야만적인 무장이라고 말해 줄지도 모른다. 더욱이나 공산당 시대라도 돌아온다면 자본주의의 화석(化石) 같은 남자라고 해서 또 가치가 떨어질지도 모르지만. 사람을 보는 방법이란 아주 어려운 것이다.

거기에 또 하나, 역사라는 것은 언제나 승자의 역사이다. 진 녀석은 집을 불태워 기록이 없어지거나 살해되어서 입이 없어진다. 히데요시의 시대에 이르면 노부나가의 처리방법이 나쁘게 되고, 이에야쓰의 시대에 이르면 히데요시의 처리방법이 비판받는다. 명치유신(明治維新)으로 도꾸가와 막부(德川幕府)가 쓰러지자 명치의 사람들은 3백년이나 지속되어온 도꾸가와를 나쁘다고 한다. 그 기초를 구축한 이에야쓰까지 비판받아 "너구리 두목"이라고 낮춰 버리는 것이다. 역사라는 것은 결국 이렇게 반복되는 것이 아닐까?

더구나 일본인은 "편애 판관"이니까. 히데요시가 죽기 직전 5대노를 머리맡에 불러놓고 특히 이에야쓰한테는 정중하게 "히데라이를 부탁한다."라고 소원했는데도 불구하고 오오사까의 진영에서 히데라이를 필두로 토요토미 일족을 멸해 버렸다. 그 처리 방법에 강한 불만을 토로하고 있는 것이다.

전국 시대는 어떤 무장이라도 많든 적든 이 정도의 일, 아니 그 이상의 짓을 하고 있는 것이다. 히데요시도 주인인 노부나가의 아들을 죽였다.

이야기가 조금은 곁길로 들어가지만…. 머리는 나쁘지만 그림을 잘 그리는 남자가 있다. 후꾸시마에 왔을 때 만나서 이야기한 적이 있는데 "사람 하나를 죽이면 경찰에 붙잡혀 가는데 전쟁으로 몇 천명을 죽여도 경찰에서는 잠자코 있고 반대로 훈장까지 받는 것은 어떤 이유인가?"하고 물었던 것이 지금 생각난다.

전국 시대와 마찬가지로 사람을 죽인다는 것은 3천년 가까운 역사를 지나왔어도 아직도 계속되고 있는 것이다. 어떤 훌륭한 말을 해도 인간이 살아있는 한 전쟁이라는 것은 없어지지 않을 것이다. 인간의 마음 속에 투쟁이라는 본능이 없어지지 않는 한….

이에야쓰는 세끼가겐에서 이겨서 천하통일의 실권을 잡은

이상 히데라이 한 사람을 죽여 보았자 아무 소용이 없다는 것을 알고 있었다. 손님이라는 이름으로 어딘가에 살려두려고 하는 마음을 품고 있었던 것이다. 그것을 정 군(淀君)이라는 바보 같은 여자가 오오사까 성에서 히데라이가 움직이는 것이 싫었던지, 이에야쓰의 눈밖에 난 미망인이 히스테리를 일으킨 것을 손을 댈 수 없었기 때문인지 대담하게 정벌했던 것이다.

이에야쓰가 나쁜 것이 아니라 그것은 정군이 나쁘다. 여자의 바보스러움이 히데라이를 죽이고 만 것이다.

☺중요한 한 마디

하루의 시작은 어떻게 할까?

하루의 생활을 다음과 같은 일로서 시작하는 것은
무엇보다도 좋은 일이다.
오늘은 단 한 사람이라도 좋으니
그가 기뻐할 만한 무슨 일을 할 수 없을까 하고
시작하는 것이다.

<니이체>

> "사람의 일생이란 무거운 짐을 짊어지고
> 먼길을 걸어가는 일이다."

내핍 생활을 견뎌 나온 녀석은 강하다.

이에야쓰는 "사람의 일생이란 무거운 짐을 지고 먼길을 걸어가는 일이다."라는 유명한 유훈(遺訓)을 남기고 있다. 스스로 일생을 돌아보고 어려웠던 길을 느낀 감상일 것이다.

여러분들은 짐을 등에 짊어지고 걷는다거나 짐차를 끌고 비탈길을 올라가 본 경험이 없으니까 이 괴로움을 모를 것이다. 자동차에 타고서 브레이크를 밟는 것과는 다르다. 나는 젊었을 때부터 짐차를 충분히 끌었으니까 이에야쓰의 심정을 잘 이해한다. 조금이라도 단념하면 짐차는 언덕 아래로 굴러 내려가 버린다.

이에야쓰도 태생이 불쌍하였다. 아직 다께치요(竹千代)라고 불리고 있을 세 살 때 어머니와 헤어지고, 6살 때에는 이마가와(岩川) 가문에 인질로 끌려가는 도중 의부인 숙부 때문에 쇼꾸다(織田) 쪽의 인질로 체포되어 버린다. 이마가와와 쇼꾸다 사

266

이에 휴전이 이뤄지고 인질교환으로 살아나 고향인 오까기(岡崎)로 돌아온다. 그러나 약 12일 정도 머물었을 뿐 다시 이마가와한테 인질로 보내진다. 이때 다께치요는 8살이었다고 한다.

이와 같은 인질생활 속에서 끊임없이 사람을 경계하는 습관과 내핍생활, 즉 금전의 존귀함, 검약생활, 실질 강건한 기풍이 길러지게 되었던 것이다.

또한 가신들도 주인은 인질, 영토는 대관이 관리했기 때문에 보조도 변변히 받지 못하고 농부 일을 하면서 계속 시기가 오기를 기다리고 있었다고 한다.

이에야쓰가 15세 때 처음으로 이마가와로부터 묘 참배를 허락 받아 오까기로 돌아온 일이 있다. 그 때 가신 중 한 사람이 밭에 나와서 흙투성이가 되어서 김을 매고 있는 것을 보고 "고생을 시키는군요."하며 눈물을 흘리자 주위에 있던 가신들이 감읍했다는 이야기가 있다.

그리고 도리이(鳥井忠吉)이라는 80이 된 가신은 이에야쓰를 자택으로 안내하여 사람들을 물리치고 자기 집의 흙으로 만든 창고를 보여 주었다. 속에 들어가니 바닥 한쪽에 동전이 수북히 쌓여 있었다.

"전하, 이 동전은 전하가 돌아올 때 사용하실 군비입니다. 제가 이마가와 패들의 눈을 피해 저축한 것, 전하 뒤에는 저와 같은 가신 하나 하나가 피를 말리는 고생을 하면서 내일을 기다리고 있습니다."
라는 이야기이다. 이에야쓰는 환경이 시종 견실한 생활을 영위하게 만들었던 것이다. 그리고 가신들이 강건, 충의, 단결심을 가진 것도 그들이 압박과 빈곤 속에서 생활해 왔기 때문이다.

옛날 일본의 군대에서는 센다이(仙台)의 2사단과 구마모도(熊本)의 6사단이 최강이라고 했다. 이것도 동북과 구주가 가난했고 그 가운데서 군인으로 자랐기 때문이다.

내핍생활을 빠져 나와야 인간은 비로소 강해지는 것이다.

▶────────────────

☺중요한 한 마디

천 리 길도 한 걸음부터

목적지가 멀면 멀수록
더욱더 앞으로 나아가는 것이 필요하다.
서둘지 말아라.
그러나 쉬지도 말아라.
    <마드지니>

"사람은 이론대로 움직일 수 없다,
이론을 만들어 가는 사람이 되어야 한다."

城
사람은 바뀌어도 성은 남는다.

셀 수 없이 많은 전국의 무장 가운데서 우에스기겐신(上杉謙
信)과 부다신겐(武田信玄) 두 사람은 잘 알려져 있다. 텔레비전의
덕택이다. 두 사람 모두 지하에서 쓴웃음을 짓고 있을 것이다.

천문(天文) 22년부터 에이로꾸(永祿) 7년까지의 11년 사이에 가
와나까시마(川中島)를 끼고 다섯 차례나 싸웠는데 승패가 나지
않았다. 용호상박의 대 혈전이었지만 두 사람 모두 싸움의 상
수는 아니었기 때문이다.

우에스기겐신은 일생동안 여자의 몸에 손을 대지 않았다고
하는데 그것만으로도 그다지 좋은 대장은 아니었던 것 같다.
나는, 영웅은 색을 좋아하는 대장 쪽이 좋다. 신겐도 부다의
군법(軍法), 갑주(甲州)식 병법이라는 것을 만들어 다른 많은 무
장의 표본이 되었으면서도 이길 수 없었던 것은 무정한 이야
기이다.

기업 전쟁도 그렇지만 너무나 이론을 많이 붙여도 실제의 전쟁에서는 이길 수 없다는 좋은 표본이 아닐까?

부다의 군법이라면 뭔가 스스로 고안해낸 것처럼 들리지만 그 골격은 모두 중국의 "손자병법(孫子兵法)"을 흉내낸 것이다.

"풍림화산(風林火山)"의 내용도 손자(孫子)의 군쟁편(軍爭編)에 있다.

고로 兵은 詐를 갖고 서고, 利를 갖고 움직이고, 分合을 갖고 변하는 것이로다.

고로 그 疾은 風과 같고, 그 徐는 林과 같도다. 侵掠하는 것은 火와 같고, 움직이는 것은 山과 같도다. 知와 難은 陰과 같고, 움직이는 것은 雷聲과 같다. 鄕을 빼앗아서 衆에게 나누고, 地를 廓해서 利를 分하고, 權을 가지고 움직인다. 먼저 迂直의 計를 아는 物은 이긴다. 이것이 軍爭의 法이로다.

이 속에 "故其疾如風 其徐如林 侵掠如火 不動如山"을 채택한 것이다.

어쨌든 전쟁은 임기응변의 술책이니까 상대의 출병을 잘 파악해서 정(靜), 동(動)을 나누어 사용해서 병사를 이용하면 이긴다. 그와 같이 병사를 잘 움직인다면 5회까지 가와나까시마에서 싸우지 않아도 이길 수 있었을 것이다. 그런데도 무승부라는 것을 보면 부다의 군법이 운다.

또 신겐은 "人은 성(城), 人은 석단(石担), 人은 굴(堀)"이라는 유명한 말을 남기고 있다.

아무리 훌륭한 성을 구축해도 속에 있는 사람이 약해서는 아무것도 되지 않는다. 인간을 강하게 하는 것이 제일 중요하다고 가르치고 있지만 그 결과는 어떠했는가?

분명히 신겐이 살아 있는 동안은 통솔의 묘를 얻어 강했다. 신겐이 죽고, 가쓰라이(勝賴) 시대가 되자 그 결과는 어떤가? 가쓰라이가 바보인 탓이었는지 사람의 성은 허무하게 무너지고 말았다.

나는 부다신겐이라는 무장을 생각할 때마다 사람은 이론대로 움직일 수 없다는 것과 그리고 창업자와 2대째는 차이가 있다는 것을 보여준다고 생각한다.

"사람은 바뀌어도 성(城)은 남아있다"라고.

성공하는 사람은 생각하는 게 다르다

1판1쇄 발행 2010년 9월 30일
2판1쇄 발행 2012년 6월 15일
3판1쇄 발행 2015년 5월 20일

지은이 : 아마이즈미마사아키
옮긴이 : 김 경 모
펴낸이 : 김 용 성
펴낸곳 : 지성문화사
등 록 : 제5-14호(1976.10.21.)
주 소 : 서울특별시 동대문구 신설동 117-8 예일빌딩
전 화 : 02-2236-0654, 2233-5554
팩 스 : 02-2236-0655, 2236-2953

정 가 : 12,000원